Stefan Schift

Der schwarze Klecks der Farbpalette

Stefan Schift, geboren 1967, beschreibt in seinem autobiografischen Lebensbericht seine langjährige Konfrontation mit der „bipolaren Störung", einer psychischen Erkrankung, die ebenso unter dem früheren Begriff der „manisch-depressiven" Krankheit bekannt ist.

In Anlehnung an umfangreiche Aspekte seines Werdegangs schildert Stefan Schift seine mutigen und unaufhörlichen Bemühungen, die Krankheit weitgehend in die Schranken zu weisen, und somit die Möglichkeit zu wahren, neue Lebenswege zu begehen.

Stefan Schift

Der schwarze Klecks der Farbpalette

Mein Leben mit der bipolaren Störung

Dieses Buch ist meinem Sohn gewidmet.

Ein großer Dank gilt allen Menschen meines sozialen Umfeldes, die mir hilfreich bei der Bewältigung meines Lebens zur Seite gestanden haben, und insbesondere denjenigen, die auch heute noch zu mir stehen.

Danke ebenso den Menschen, welche mir gegenüber ein kritisches, belehrendes oder gar verurteilendes Verhalten zeigten. Selbst jene Personen konnten mitunter nachhaltig eine nützliche Funktion erfüllen.

Inhalt

Meine bipolare Erkrankung

Merkmale bei Manie und Depression

Chronologie meiner Krankheitsgeschichte

Schützende und stützende Faktoren zur möglichen Bewahrung der psychischen Stabilität

Mögliche Ursachen der bipolaren Erkrankung in Bezug auf meinen gesamten Entwicklungsprozess

Verbindungen und Abhängigkeiten zu Menschen – ausgelöst durch die Erkrankung

Gestern, heute - und morgen? Eine Zwischenbilanz

Meine bipolare Erkrankung

Einleitende Gedanken

Im Oktober 1987 musste ich erstmals im Alter von 20 Jahren aufgrund einer schweren Depression mehrere Wochen lang in einem psychiatrischen Krankenhaus stationär behandelt werden. Schließlich wurde im Verlaufe eines weiteren, stationären Klinikaufenthaltes im Jahr 1990 seitens der behandelnden Ärzte eine „manisch-depressive Störung" festgestellt, die Diagnose einer psychischen Krankheit, welche im heutigen, medizinischen Sprachgebrauch vielmehr unter dem Ausdruck der „bipolaren Erkrankung" bekannt ist. Meine bislang letzte, bipolare Akutphase ereignete sich im Jahr 2009, im Alter von 41 Jahren. Ein Rückblick hinsichtlich des gesamten Umfangs meiner bipolaren Erkrankung verweist auf insgesamt elf krankhafte Lebensabschnitte, von denen sich acht in einer manischen, und drei in einer depressiven Ausrichtung zeigten. Zwar konnten die jeweiligen schweren, manischen und depressiven Schübe während der zumeist langwierigen Krankenhausaufenthalte immer erfolgreich behandelt werden, jedoch folgte im Anschluss an jede einzelne Psychiatriephase zunächst ein mühsamer Weg des Wiederaufbaus. Die Vielzahl an Erfahrungswerten, die meine psychische Krankheit zum Vorschein brachte, verhalf mir mehr und mehr dazu, meine bipolare Störung zu akzeptieren, und abgeklärter mit ihr umzugehen.

Zumeist sind die akut „manischen" oder „depressiven" Erkrankungszustände nur mittels einer gezielten, professionellen, und vor allen Dingen medikamentösen Behandlung während oftmals wochenlanger, stationärer Psychiatrieaufenthalte unter Kontrolle zu bringen. Unbehandelt wirkt sich jedoch eine Krankheitsphase letztlich nicht nur äußerst zerstörerisch und bedrohlich auf den Patienten selbst, sondern mitunter auch hinsichtlich seines gesamten Umfeldes aus. Insbesondere während einer depressiven Phase des bipolar Betroffenen ist mitunter auch eine akute Selbsttötungsgefahr gegeben, doch auch bei einer Manie können Suizidgedanken beim Erkrankten nicht ausgeschlossen werden. Den Schätzungen zufolge sind etwa fünf Prozent der deutschen Bevölkerung von der bipolaren Störung betroffen. Dass wahrhaftig so viele Menschen unter diesem schweren Schicksal leiden, konnte ich mir kaum vorstellen, hatte ich doch in meinem gesamten Leben bisher nur wenige Menschen mit solch einer psychischen Störung persönlich kennen gelernt.

Jeder bipolar Betroffene muss sich letztlich nahezu „alleine" seinen beschwerlichen Weg durch den dichten „Dschungel" seiner psychischen Erkrankung schlagen, und dies ab dem Zeitpunkt des erstmaligen, krankhaften Ausbruchs eines manischen oder depressiven Erkrankungsschubs. Durch die in den meisten Fällen medizinisch notwendige Behandlung der manisch-depressiven Krankheit wird sich der Betroffene ab dem Beginn seines Krankheitsverlaufs mit Menschen vertraut machen müssen, die in einer vielfältigen Funktion eines helferischen Daseins fungieren. Neben behandelnden Psychiatern, Therapeuten, Betreuern oder Sozialarbeitern, wird vor allen Dingen aber auch der Familie und dem sozialen Umfeld des Betroffenen eine entscheidende Rolle beigemessen. Letztlich können jedoch die direkt und indirekt Beteiligten dieses gesamten Umfeldes bestenfalls nur eine Hilfe zur Selbsthilfe geben. Der bipolar Betroffene muss sich darüber im Klaren sein, dass er trotz dieser zusätzlichen Möglichkeiten einer unterstützenden Hilfestellung von „Außen" vor allen Dingen an sich selbst arbeiten, und eigenverantwortlich sein Schicksal in die Hand nehmen muss.

Jeder Mensch, der plötzlich, wie aus dem Nichts, mit der bipolaren Störung konfrontiert wird, ist von Beginn an aufgefordert, sich intensiv mit seiner psychischen Erkrankung auseinander zu setzen. Hierbei sollte zunächst eine unbedingt notwendige „Krankheitseinsicht" entwickelt werden, die jedoch ein höchstes Maß an dauerhafter Disziplin voraussetzt. In gleichem Maße muss ein großes Vertrauen in Ärzte, und gleichermaßen in die Selbstbehandlung durch möglicherweise lebenslang verordnete Medikamente aufgebaut werden. Über weite Strecken meiner Erkrankungsgeschichte wurde gerade die eigenverantwortliche Medikamenteneinnahme immer wieder zu einem Hindernis, und mit hoher Wahrscheinlichkeit leitete jedes eigenmächtige Absetzen der Medikation folglich eine neue Krankheitsphase ein. Jeder Betroffene ist beim überwiegenden Anteil von zukunftsorientierten Lebensentscheidungen, und insbesondere hinsichtlich der eigenmächtigen Medikamenteneinnahme, letztlich für sich selbst verantwortlich, gleich ob mit oder ohne der Möglichkeit einer ärztlicher Hilfe, eines Rückhalts der Familie, des Beistands eines Betreuers, oder einer Unterstützung nahe stehender Menschen des Umfeldes. Dies gilt gleichermaßen für jede noch so nichtig erachtete Handlung des täglichen Lebens eines bipolaren Menschen. Der bipolar Betroffene ist dazu angehalten, mittels seiner während des Krankheitsverlaufs umfangreich gesammelten Erfahrungen zu versuchen, eigenmächtig konkrete Warnzeichen, welche zu einem möglichen, krankhaften Rückfall führen könnten, frühzeitig zu erkennen. Eine bewusste und genaue Selbstbeobachtung, zum Beispiel hinsichtlich der Prüfung des Schlafverhaltens, oder der regelmäßigen Medikamenteneinnahme, der Strukturierung des

Alltags, des Umgangs mit Alkohol, oder aber der Vermeidung, beziehungsweise gezielten Verringerung von Stressfaktoren, ist von entscheidender Wichtigkeit, denn hierdurch erschafft sich der bipolar Erkrankte die Möglichkeit, individuelle Selbstschutzmechanismen zu entwickeln, die er im täglichen Leben zur Anwendung bringen kann, ohne hierbei an Lebensqualität einbüßen zu müssen.

Nahezu automatisch kann auch das unterstützende Umfeld des bipolar Betroffenen eine wichtige, zusätzliche Schutzfunktion übernehmen. Durch die generell aufmerksame Beobachtung der sensibilisierten, begleitenden Menschen, gleich ob diese Personen selbst von einer psychischen Krankheit betroffen sind, oder nicht, könnte die mitunter für beide Seiten heikle Situation entstehen, dass plötzlich ein kleines Anzeichen einer krankhaft manischen oder depressiven Symptomatik eines bipolar Erkrankten von einer nahe stehenden Person konstatiert wird. In jenem konkreten Verlaufsfall sollte das Umfeld die Fähigkeit besitzen, mit großer Behutsamkeit vorzugehen, dabei dem Betroffenen gegenüber keine voreiligen, unüberlegten Bemerkungen zu äußern, und darüber hinaus keine überstürzten Handlungen vorzunehmen. Eine ratsame Vorgehensweise wäre möglicherweise ein schneller, gegenseitiger Austausch unter mehreren Personen des besorgten Umfeldes, und somit eine verstärkte Beobachtung der Situation, indem etwa durch eine vermehrte Kontaktaufnahme ein intensiveres „Erspüren" einer eventuellen, krankhaften Symptomatik des Betroffenen erfolgt, welcher sich womöglich zur selben Zeit keinerlei Gefahr bewusst ist, jedoch sich unter Umständen nicht einmal in einer wirklichen „Gefahr" befindet, nämlich dann, wenn die ausgesendeten „Signale" des Betroffenen vom Umfeld fälschlicherweise als „krankhaft" eingestuft wurden. Eine solche konkrete Situation ist während des gesamten Krankheitsverlaufs eines bipolar Betroffenen Menschen bestimmt kein Einzelfall, deshalb ist hier unter allen beteiligten Personen äußerst viel Fingerspitzengefühl gefragt. Generell sollten begleitende Personen niemals eine maßlos übertriebene, observierende Funktion gegenüber dem Erkrankten einnehmen. Ebenso sollte das Umfeld nicht in der Form auf den Betroffenen einwirken, in dem man ihm womöglich durch stets beschneidende Vorsichtsmaßnahmen kaum noch die Möglichkeit einer freien Entscheidungskraft und eigenmächtigen Lebensgestaltung gibt. Je mehr Eigenverantwortung man dem Betroffenen abnimmt, und selbst, wenn es gut gemeint ist, desto eher besteht die Gefahr, dass der Erkrankte das Vertrauen in sich selbst und seine Stärken verliert, und möglicherweise in immer mehr Abhängigkeiten zu anderen Menschen gerät. Solch eine Entwicklung könnte langfristig betrachtet ungünstige Auswirkungen hinsichtlich des psychischen Allgemeinzustandes des Betroffenen haben. Eigenverantwortung, Selbstvertrauen, Selbstbewusstsein, oder auch Entscheidungs-fähigkeit sind für einen bipolar betroffenen Menschen durchaus wesentliche Attribute, die zu einem psychisch stabilen Leben beitragen, und so sollte es im Sinne des gesamten Umfeldes, sowie insbesondere des Betroffenen selbst sein, dass diese Eigen-ständigkeit gegenseitig respektiert, und im bestmöglichen Maße gefördert wird.

Vereinzelt sagt man Menschen, die mit einer bipolaren Störung diagnostiziert worden sind, besonders außergewöhnliche und ausgeprägte Anlagen zur Kreativität in unterschiedlichsten Bereichen nach. Im Verlaufe meines Werdegangs interessierte ich mich neben dem Klavier spielen, dem Komponieren von Melodien, und dem Verfassen von Musiktexten oder Gedichten, vor allen Dingen für das Malen und Zeichnen, und hier besonders das Skizzieren von geometrischen Formen. Auch in Bezug auf diverse handwerkliche Tätigkeiten würde ich mir eine Begabung zusprechen wollen, so konstruierte ich beispielsweise selbst entworfene Möbel, oder verlegte einen kompletten Parkettboden in einer Wohnung. Auch erstellte ich eine Vielzahl meiner für die abstrakten Acrylmalereien benötigten Holzrahmen in Eigenarbeit. Gewiss möchte ich zweifellos auch mir eine ausgeprägte, kreative Veranlagung bescheinigen, und weiterführend dies auch als eine Bereicherung in meinem Leben empfinden. Dennoch setze ich mich konkret in diesem Zusammenhang klar mit der Tatsache auseinander, dass die bipolare Störung keinerlei Ansatzpunkte enthält, welche zu der falschen Schlussfolgerung führen könnten, dass die Krankheit womöglich einen motivierenden Beitrag im Hinblick auf meine Kreativität geleistet hätte.

Mittels eines „gesunden" Bewusstseins hinsichtlich der zerstörerischen Auswirkungen manischer und depressiver Akut-phasen sollte der Erkrankte eine klare und einsichtige Haltung gegenüber seiner psychischen Störung einnehmen. Vor allen Dingen sollte der bipolar Betroffene unbedingt den gedanklichen Versuch meiden, bei der Selbstanalyse seiner manischen Phasen eine Beschönigung seiner Erkrankung vorzunehmen, oder einen kleinen, nützlichen „Vorteil" zu entdecken, und womöglich sogar im Verlaufe einer seelisch ausgeglichenen, sowie zufrieden stimmenden, jedoch scheinbar „unspektakulären" Lebensphase, einen „manisch-euphorischen" Zustand herbei zu sehnen. Der gesamte Umfang all dieser verheerenden, zerstörerischen Konsequenzen, welche aus einer manischen Erkrankungsphase hervorgehen, setzt ein deutliches Zeichen, dass es schlicht unlogisch ist, einer Manie auch nur einen einzigen, „positiven" Aspekt abzugewinnen – eine überaus wichtige Erkenntnis, zu der jeder bipolar Betroffene im Verlaufe seiner Krankheitsgeschichte gelangen sollte.

Das hohe Potential an Sensibilität und geistiger Kreativität, welches laut der medizinischen Wissenschaft insbesondere den bipolar betroffenen Menschen schon in die Wiege gelegt wurde, kann zweifellos ein mit entscheidender Faktor hinsichtlich eines möglichen Ausbruchs einer manisch-depressiven Erkrankung bedeuten. Dennoch muss ich zugeben, dass ich mich durchaus als einen Menschen erlebe, der sich in Erinnerung an unzählige, erfreuliche Lebenssituationen und Glücksmomente während psychisch stabiler Phasen sehr dankbar schätzt, und dies wohl insbesondere aufgrund des Verspürens einer äußerst ausgeprägten Empfindungsfähigkeit und Sensibilität. Fast bin ich sogar geneigt, zu behaupten, dass ich mich auch auf charakterlich-menschlicher Ebene durch diese Qualitäten beschenkt fühle. In diesem Bezug setze ich mir aber selbst ein großes „Ausrufezeichen", denn sehe ich keineswegs meine psychische Erkrankung als begünstigenden Impuls meiner intensiv empfundenen Sensibilität, welche ich vor allen Dingen doch als ungemein Lebens bereichernd empfinde. Nicht im Geringsten würde ich meine Gefühle und Empfindungen mit meiner psychischen Erkrankung in einen Topf werfen wollen, und schon gar nicht würde ich mir meine Sensibilität mittels meiner Krankheit erklären wollen. Jedoch komme ich in Anlehnung hieran zu der Feststellung, dass die Veranlagung eines Menschen zu einer ausgeprägten Form der Sensibilität unter Umständen mit verantwortlich für den Ausbruch einer bipolaren Erkrankung sein kann.

Bestimmt würden die meisten Menschen, auf die Frage angesprochen, ob sie in sich eine außerordentlich ausgeprägte Sensibilität verspüren würden, mit einem spontanen und entschiedenen „Ja" antworten. Natürlich entwickelt jeder Mensch ab Beginn seines Lebens eine individuelle „Grundveranlagung" einer mehr oder weniger intensiven Emotionalität und Sensibilität.

Etwa im Verlaufe der ersten 20 Lebensjahre, und insbesondere während der Pubertätszeit, können mitunter zahlreiche Ereignisse, sowie so genannte „äußere Umweltfaktoren" einen erheblichen Einfluss auf die Entwicklung und mögliche Stärkung des allgemein psychischen Befindens eines Menschen nehmen. Mit dem Erreichen des Schulabschlusses und des Erwachsenenalters beginnt für jeden Menschen ein neuer Lebensabschnitt, und vor allem tun sich entscheidende Fragen hinsichtlich des zukünftigen Werdegangs auf, welche nicht selten die Psyche auf eine erste, ernste Belastungsprobe stellen. Bestimmt wird sich ein junger, heranwachsender Mensch seinen eigenen Gemütszustand bewusst machen können, jedoch wird er im konkreten Fall eines gefühlten, seelischen Ungleichgewichts seine Stimmungsschwankung wohl kaum an seiner womöglich extrem ausgeprägten Sensibilität fest machen, sondern fälschlicherweise vielmehr an den verschiedenen erlebten und durchstandenen Ereignissen selbst, die ihn letztlich erst sensibilisiert haben. Letztlich führen überhaupt erst die Auswirkungen der individuellen, traurigen, deprimierenden, schmerzhaften, verletzenden, und schockierenden Ereignisse im Leben eines Menschen zu einer Entfaltung einer umfassenden, weit gefächerten Empfindsamkeit, und dies einerseits zum Vorteil, sowie leider zugleich auch zu einem möglichen Nachteil, im konkreten Falle einer bipolaren Erkrankung des Betroffenen.

Nur schwer kann ich Vermutungen anstellen, wie es zum Beispiel manch berühmtem Künstler vergangener Zeiten, ob Maler, Komponisten, oder Schriftsteller ergangen ist, voraus gesetzt, dieser war von der bipolaren Erkrankung betroffen. Zweifellos haben alle diese Menschen trotz der Erkrankung ihre außerordentliche Sensibilität, und ihren Drang zur Kreativität, in größtmöglichem Umfang ausgelebt, mitunter auch während der Fertigstellung ihrer Werke eine ausgelassene Freude empfunden, und dabei jede abrufbare Emotion in die Gestaltung der einzelnen Projekte gesteckt. Die diversen Werke solcher Künstler, denen man eine bipolare Störung bescheinigt oder nachsagt, stoßen zwar bei dem heutigen Kritiker, und dies zeigt sich hinsichtlich jeglicher möglichen Form der Kunst, auf unterschiedlichen Geschmack, geben mir jedoch in sofern Anlass, nachzuempfinden, wie groß der Wunsch und Antrieb jener bipolar erkrankten Künstler gewesen sein muss, die intensiv gefühlten Emotionen in einer besonderen Ausgeprägtheit auszuleben, und dabei noch in höchstem Maße produktiv zu verwerten.

Im Verlauf meiner Krankheitsgeschichte kam ich immer wieder zu der Feststellung, wie schwierig und unbequem es doch werden kann, einem „Gesunden", nicht Betroffenen diese manisch-depressive Erkrankung in einem übersichtlichen, und zugleich knappen Umfang, verständlich zu machen. Lange Zeit erlebte ich mich als einen unsicheren Menschen, mit mangelndem Selbstbewusstsein, und oftmals stieß meine geradezu hilflose Offenheit nach einem anfänglich scheinbaren Interesse des Gesprächspartners schließlich auf Abwehr und Unverständnis. Noch gegen Ende der 90er Jahre, als die sechste und siebte Erkrankungsphase hinter mir lag, hatte ich zwar eine Reihe individueller, umfangreicher Erfahrungswerte gesammelt, jedoch fehlte mir eine „gesunde" Distanz zu meiner Erkrankung, mit der eine Thematisierung der bipolaren Erkrankung gegenüber einer fremden Person womöglich in einer eher sachlichen Form der „neutralen Berichterstattung" zu bewerkstelligen gewesen wäre. Oftmals kam es zu Begegnungen mit Menschen, wobei ich auf deren fast selbstverständliche, obligatorische Frage nach meinem Beruf eine ehrliche und konkrete Antwort gab. Da jedoch die bipolare Störung in ein paar kurzen, prägnanten Sätzen einem Menschen unmöglich erklärbar zu machen ist, der vermutlich noch nie in seinem Leben mit der Thematik einer psychischen Erkrankung konfrontiert wurde, entwickelte sich oftmals nicht, wie es vielleicht dem „Normalfall" entsprechen würde, ein gegenseitig wechselnder Austausch, sondern eher ein einseitiger Monolog, wobei der Gesprächspartner die Position des Zuhörers einnahm, jedoch gleichzeitig auch unmissverständlich ein ernsthaftes Interesse an meiner Problematik signalisierte. Meine Offenheit im Umgang mit meiner bipolaren Erkrankung wurde mir letztlich ein ums andere Mal zum Verhängnis, denn entpuppte sich das vermeintliche Interesse des Gegenüber zumeist als Fehleinschätzung. Nur in seltenen Fällen kam ich nach einer gewissen Dauer eines Gesprächs zu der Überzeugung, dass die Thematik meiner bipolaren Störung bei fremden Menschen auf ein glaubhaftes Interesse gestoßen ist, wobei hierbei vor allen Dingen der eher zufällige Begleitumstand eine „glückliche" Hilfestellung leistete, dass der Gesprächspartner über konkrete, themenspezifische Vorkenntnisse verfügte, indem beispielsweise innerhalb seines eigenen Angehörigenkreises eine psychische Erkrankung aufgetreten war. Generell möchte ich niemandem unterstellen, dass sich hinter einem „vorgespielten" Interesse letztlich nur eine scheinbar oberflächliche Neugierde versteckt, die befriedigt werden will. Dennoch möchte ich erwähnen, dass mir eine Vielzahl nüchterner Erfahrungen aufgezeigt hat, dass es kaum möglich war, bei einem sich spontan ergebenden Gespräch herauszufinden, was der Fragende aus meinen Schilderungen wirklich registrieren und entnehmen will, oder weiterführend, welches Gesamtbild er sich schließlich über meine Person, und vor allen Dingen im Hinblick auf meine Erkrankung ausgemalt hat.

Zusätzlich erschwerend wirkt sich bei einer Konversation der Tatbestand aus, dass der Fragende weder über meine äußere Erscheinung, noch meine Art, wie ich mich artikuliere, und dabei sachlich-informativ meine Erkrankung erkläre, sowie darüber hinaus ebenso über meine Gestik und Mimik, nicht auch nur den Hauch eines Eindrucks bekommen kann, dass ich mich in meinem Leben mit akut krankhaften, manischen und depressiven Phasen auseinander zu setzen habe, einer Krankheit, die nicht erkennbar, ja so zusagen „unsichtbar" ist. In diesem speziellen Sachverhalt sehe ich schon zu Beginn einer Konversation die wohl größte Schwierigkeit, dem wahrscheinlich „ungläubig" Fragenden meine Erkrankung erklärbar machen zu können, eine psychische Störung, die man sich ja als Betroffener selbst nur nahezu unzureichend beschreiben und verständlich machen kann.

Entstehungsgeschichte dieses Buches

Niemals wäre ich wohl auf die Idee gekommen, einmal ein Buch zu schreiben, wäre ich nicht an der bipolaren Störung erkrankt. Erste konkrete Aufzeichnungen meiner Biografie verfasste ich im Jahr 1997, im Alter von 30 Jahren, nachdem ich schon mehrere manische sowie depressive Phasen durchlebt hatte. Bezüglich aller hier verfassten Aufzeichnungen und Schilderungen möchte ich hier unbedingt erwähnen, dass ich im Verlaufe meiner gesamten Krankheitsgeschichte weder mit einem Medizinstudium begonnen, noch mich im großen Umfang mit medizinisch-fachspezifischer Literatur befasst habe. Vielmehr resultieren die gesamten Inhalte dieses Buches aus dem Selbststudium meines bisherigen Lebens, und den darin enthaltenen, persönlichen Erfahrungswerten aus inzwischen mehr als zwei Jahrzehnten aktiver Konfrontation mit der bipolaren Erkrankung.

Seit meiner ersten, schwer depressiven Phase im Jahr 1987 war mein Werdegang gravierend von der Krankheit, und allen dadurch entstandenen Konsequenzen geprägt, dass es mir unmöglich ist, auch nur einen einzigen Tag lang nicht an sie erinnert zu werden. Dabei betrachte ich es aus heutiger Sicht geradezu als eine verpflichtende Aufgabe für mich und für jeden einzelnen bipolar Betroffenen, sich kontinuierlich mit seiner Erkrankung auseinander zu setzen, insbesondere in den stabilen Lebensphasen. Neben der dringenden Notwendigkeit einer Krankheitseinsicht ist eine tägliche Selbstbeobachtung von großer Wichtigkeit, schließlich bildet eine stetige Analyse vielfältiger

Anzeichen eines jeden einzelnen Betroffenen die Grundlage, auf der eine dauerhaft seelische Ausgeglichenheit überhaupt erst möglich ist. Insbesondere unmittelbar im Anschluss an eine Erkrankungsphase kam es häufig dazu, dass ich mir umfangreiche und detaillierte Notizen hinsichtlich meiner bipolaren Störung machte, wobei ich mich überwiegend mit den Unterschieden der Merkmale bei einem entstehenden manischen, sowie einem entstehenden depressiven Schub befasste. Mittels meiner Aufzeichnungen versuchte ich, mir meine Erkrankung besser begreifbar zu machen, um mir hierdurch eine gewisse Form der eigenverantwortlichen Selbstdisziplin zu verinnerlichen.

Natürlich war und bin ich mir auch heute dessen bewusst, dass mir meine schriftlich verfassten Aufzeichnungen keinerlei Schutz vor weiteren krankhaften Rückfällen geben können, jedoch hielt ich immer mehr an dem Gedanken fest, meine manisch-depressive Krankheit einmal in einer umfassenden, auf Papier geschriebenen „Buchform" für mich selbst festzuhalten, auch wenn immer wieder neu auftretende Krankheitsschübe mein Vorhaben ein ums andere Mal nahezu zum Scheitern brachten. Doch spürte ich spätestens seit dem Jahr 2007, dass ich neben der abstrakten Acrylmalerei auch mit dem Schreiben meinem Leben eine sinnvolle Aufgabe, und zugleich kreative Bereicherung bereiten konnte, von der ich nicht mehr loslassen wollte. Darüber hinaus ergab sich hier der überaus positive und wichtige Effekt, dass ich mir eine Tagesstruktur erarbeiten konnte, die gewiss einen großen Beitrag hinsichtlich einer seelischen Ausgeglichenheit leisten kann. Die Kombination von Malen und Schreiben verhalf mir immer wieder dazu, meine Sinne aufzufrischen, meinen Kopf „frei" zu machen, und meine „Seele" zu erleichtern. Innerhalb der vergangenen drei Jahre entstanden mehrere Hundert groß- und kleinflächige, abstrakte Acrylbilder, wohingegen die Arbeit am

Buchprojekt zur selben Zeit manchmal nur sehr schleppend voran kam, jedoch verspürte ich hinsichtlich einer Fertigstellung des Manuskripts keinerlei zeitlichen Druck. Irgendwann einmal vielleicht sollte zumindest mein Sohn im Erwachsenenalter die Möglichkeit bekommen, meine Aufzeichnungen lesen zu können, und natürlich dachte ich weiterführend auch an einige Menschen meines sozialen Umfeldes, die gegebenenfalls Interesse an dieser „Lektüre" finden könnten.

Als Betroffener der manisch-depressiven Krankheit stelle ich immer wieder fest, dass mir insbesondere auch die Erzählungen oder schriftlichen Aufzeichnungen von Mitbetroffenen sehr dazu verholfen haben, mich mit meiner bipolaren Störung auseinander zu setzen. Fachliche Literatur hingegen vermied ich weitgehend. Trotz der hohen Zahl an bipolar Betroffenen gibt es jedoch nur eine vergleichsweise geringe Menge an Erfahrungsberichten von Betroffenen. Wachgerüttelt von dieser Tatsache, zog ich irgendwann auch die Idee in Erwägung, dass die Inhalte meiner ganz persönlichen Lebensgeschichte vielleicht auch einige andere Betroffene, sowie auch deren Angehörige ansprechen könnten. Zugegebenermaßen beinhaltet die Verlaufsgeschichte meiner bipolaren Störung weder ein „Patentrezept" zur langfristigen Vermeidung weiterer manischer oder depressiver Schübe, noch beschreibt sie gar einen finalen Siegeszug über die Erkrankung. Früher oder später wird jeder bipolar Betroffene für sich erkennen müssen, dass seine Krankheit zwar behandelbar, jedoch nicht heilbar ist. Aufgrund dieser Tatsache erscheint es mir umso notwendiger, dass neben den umfangreichen, medizinischen Behandlungsmethoden, welche im überwiegenden Maße während den Akutphasen zum Einsatz kommen, insbesondere auch der Betroffene selbst sich mittels einer detaillierten Analyse seiner individuellen Erkrankungsgeschichte die Wichtigkeit seiner

Selbstschutzfaktoren vor Augen führen kann, durch deren disziplinierte Beachtung letztlich das Risiko eines erneuten, krankhaften Schubes erheblich verringert werden kann.

Während meiner diversen, stationären Klinikaufenthalte kam es hin und wieder zu einer flüchtigen Begegnung mit einem anderen manisch-depressiven Patienten, doch erst im Jahr 2003, als ich gemeinsam mit einer ebenfalls an der bipolaren Störung erkrankten Frau eine Selbsthilfegruppe für manisch-depressive Menschen gründete, wurde mir bewusst, dass ich nicht ganz „alleine" bin mit meinem Schicksal. Trotzdem war es für mich nur schwer vorstellbar, dass so unglaublich viele Menschen an der bipolaren Erkrankung leiden, zieht man diverse, wissenschaftlich bestätigte Prozentwerte heran. Beim Versuch eines Vergleichs mit Erkrankungsverläufen anderer bipolar Betroffener fiel mir vor allen Dingen ein Unterschied hinsichtlich der Anzahl der jeweiligen, stationären Klinikaufenthalte auf, denn meine elf langwierigen Akutphasen in 23 Jahren schienen hier doch im Vergleich eher rekordverdächtig zu sein – ein trauriger „Rekord". Die Vielzahl meiner krankhaften Schübe basierte mitunter bestimmt auf der Tatsache, dass ich früher oder später immer meine verordneten Medikamente absetzte, doch war und bin ich auch sehr glücklich darüber, dass ich im Anschluss an jede einzelne Erkrankungsphase nie den Lebensmut verloren habe. Die krankhaften Symptome konnten in der Klinik stets vollständig behandelt werden, und mit zunehmender Kraft versuchte ich mehr und mehr, das Leben wieder anzupacken.

Bestimmt wird jeder einzelne manisch-depressiv Betroffene, der über eine längere Lebensspanne schon mehrere krankhafte Phasen durchleben musste, zweifellos längst gespürt haben, dass er ein enormes, kämpferisches Potential in sich trägt. Auch diese

Erkenntnis war mit entscheidend, dass dieses Buch überhaupt zustande gekommen ist. Anhand meiner Aufzeichnungen konnte ich mir selbst zweifelsfrei den Beweis liefern, dass ich mich letztlich nie aufgegeben habe. Die Krankheit ist eine lebenslange Prüfung für jeden, der sie durchleiden muss, doch ist es eine Prüfung, die man für sich selbst bestehen kann. Zwar kann ich mir mittels meines Buches nicht aufzeigen, dass meine persönliche „Prüfung" hiermit bestanden ist, jedoch habe ich es selbst in der Hand, mich der Krankheit gewachsen zu fühlen. Gleiches würde ich gerne jedem anderen bipolar Betroffenen wünschen, der sich möglicherweise gerade in einer von Hoffnungslosigkeit geprägten Lebensphase befindet, oder der noch nicht das Kämpferherz in sich entdeckt hat, welches in ihm schlägt.

Was ist „normal"?

Menschen, die von der manisch-depressiven Störung betroffen sind, oder allgemein, Menschen, die an einer psychischen Krankheit leiden, werden von Beginn ihrer Erkrankung nahezu automatisch von der Gesellschaft einer Stigmatisierung unterzogen. Eine moderne Gesellschaft benötigt arbeitsfähige, funktionierende, und gesunde Menschen, und darf es nicht zulassen, sich mit Menschen zu identifizieren, die in einem leistungsorientierten System aufgrund einer psychischen Erkrankung langfristig nur zu einem „störenden Faktor" werden könnten. An dieser Tatsache wird sich bestimmt nie entscheidend etwas ändern, und somit wird ein von einer psychischen Krankheit betroffener Mensch niemals dem „Stigma" entweichen können, welches aufgrund seiner psychischen Erkrankung von der Gesellschaft an ihn „geheftet" wurde.

Den Versuch, einen „Normalzustand" eines gesunden, psychisch ausgeglichenen Menschen zu beschreiben, stelle ich mir nicht leicht vor. Eine Formel oder Definition hierfür gibt es bestimmt nicht. Zu unterschiedlichen Ansichten hierüber gelangt der Mensch ja schon in einfachsten Details des täglichen Lebens, und nicht selten kommt es dabei auch vor, dass Dinge oder Tatbestände, die von der einen Person als „normal" erachtet werden, im selben Moment jedoch von der Nächsten als „abnormal" oder „nicht der Norm entsprechend" eingestuft werden. Konkret bezüglich diverser Charaktereigenschaften, Verhaltensweisen, oder allgemein umfassend, der „Psyche" des

Menschen, ist eine „Norm" offensichtlich nicht, oder nahezu nur unzureichend erklärbar. Meinungen und Vorstellungen über so genannte „Normalitäten" liegen letztlich individuell im Auge des jeweiligen Betrachters, und so kommt es diesbezüglich wohl immer wieder zu abweichenden, oder sogar konträren Einstufungen. Außer Frage stelle ich hierbei, dass man bei einem manisch-depressiv Betroffenen, der sich gerade inmitten eines krankhaften Schubes befindet, von einem unumstritten deutlich von der „Normalität" abweichenden, krankhaften Gefühlszustand sprechen muss, insbesondere dann, wenn der Betroffene seine seelische Verfassung aus eigener Kraft nicht mehr steuern und kontrollieren kann. Doch, ebenso, wie ich mir selbst, während meiner psychisch ausgeglichenen, also „gesunden" und stabilen Lebensphasen, kein Urteil über „Normalität" ausstellen würde, so kann ich dies auch in der momentanen, psychisch recht stabilen Phase gleichermaßen nicht tun. Fakt ist, die soziale Gesellschaft begutachtet mich als einen chronisch kranken Menschen, also ein somit nicht der „Norm" entsprechender Bürger. Ich erinnere mich, dass ich einmal lachen musste, als mir eine mir bekannte Person während einer abendlichen Party inmitten vieler Gäste sagte, dass ich wohl hier der „Normalste" von allen Anwesenden sei. Nun, diese Äußerung nahm ich damals zwar nicht wirklich sehr ernst, doch blieb dieser Satz in meinem Gedächtnis hängen, und grundsätzlich führe ich mir vor Augen, dass diese Aussage gar nicht so sehr zum Lachen ist, weil sie schlicht und einfach nicht wirklich der Unwahrheit entspricht. Jedenfalls habe ich, zumindest während meiner psychisch „gesunden" Lebensphasen, keinerlei Berührungsängste, mich mit dem Wort „normal" zu identifizieren. In diesem Zusammenhang komme ich zweifellos zu der Aussage, dass ein bipolar Betroffener, der ein kontinuierlich ausgeglichenes und psychisch stabiles Leben führt, trotz seiner Erkrankung in der Lage ist, ein „normales" Leben zu führen, und dies vor allen Dingen vor den Augen einer „normalen", „gesunden" Gesellschaft. Eine Aussage über „normal" oder „abnormal" kann folglich in keiner Weise getroffen werden, ebenso wenig, wie man sich anmaßen könnte, einen nicht Betroffenen, gesunden Menschen mittels solcher Worte einzuschätzen. Ebenso Fakt ist, dass ein bipolar Betroffener inmitten seiner Erkrankung so genannte „gesunde" und „kranke" Phasen durchlebt. In den gesunden Lebensphasen kann sich der Betroffene annähernd gleichermaßen entfalten, wie jeder andere Nichtbetroffene, daran besteht kein Zweifel. Gewiss stehe auch ich als ein Beispiel hierfür, jedoch stellt sich dies in der Realität leider nur als eine „halbe" Wahrheit dar, denn zumeist ist die Lebensverlaufskurve eines bipolar Erkrankten anders, wie es sich allgemein bei einem seelisch stabilen, ausgeglichenen Werdegang eines Menschen darstellt, ab dem Zeitpunkt des erstmaligen Auftretens und Ausbruchs der manisch-depressiven Erkrankung, immer wieder plötzlichen Stimmungsschwankungen ausgesetzt, und dies mitunter auf lebenslange Zeit. Ein Blick auf den Werdegang beweist dies oft zu deutlich, denn durch jede neu auftretende Phase des Erkrankten reißen tiefe Löcher auf, die neben der Schwere der Erkrankung zudem oftmals auch verbunden sind mit großen Verlusten existentieller Natur, welche nach einer jeweiligen Krankheitsphase, wenn überhaupt, nur schwer nach und nach bewältigt werden können. Es ergeben sich gravierende Einschnitte in verschiedenen Bereichen des Lebens, die nur mit viel Geduld, Disziplin, und einem Höchstmaß an Krankheitseinsicht einigermaßen, und bestenfalls, nach einer lang anhaltenden, psychisch stabilen Zeitspanne vielleicht auch nahezu vollständig wieder herzustellen sind.

Immer schon war ich etwas irritiert, wenn man mir während meiner „gesunden" und psychisch ausgeglichenen Lebensphasen bescheinigen wollte, ich sei dennoch im medizinischen Sinne ein „kranker" Mensch. Nun, zugegebenermaßen ändert solch ein gedanklicher Exkurs schließlich nichts an der Tatsache, dass ich seit dem Jahre 1987 von der bipolaren Krankheit betroffen bin, und nun seit geraumer Zeit in dem Topf der „manisch-depressiv Erkrankten" schwimme. Ob ich mich nun also als „krank" definiere, oder als „gesund" und zugleich „bipolar gestört", bedarf bestimmt keinerlei umschweifenden Überlegung. Wichtig und einzig wertvoll ist doch zweifellos der aktuelle Gesundheitszustand eines Betroffenen, wobei hier das Augenmerk im weitesten Sinne auf die Erhaltung der Lebensqualität, die Optimierung der Tagesstruktur, sowie die Förderung motivierender und Antrieb steigernder Perspektiven gelegt sein sollte. Nur mittels solcher Voraussetzungen, welche die Grundpfeiler für meine seelische und zugleich körperliche Ausgewogenheit bilden, kann ich mein Dasein letztlich auch mit dem Begriff „Normalität" in Verbindung bringen. Erfreulicherweise kann ich inzwischen wieder auf eine zwei Jahre andauernde, psychisch stabile Verlaufsphase zurück blicken, wobei bestimmt mitunter auch die Funktionstüchtigkeit meiner Selbstschutzmechanismen den möglichen Ausbruch einer weiteren akuten Erkrankungsphase verhindert hat.

Merkmale bei Manie und Depression

Die Begriffe

„Manisch-depressiv". Diese von der medizinischen Wissenschaft kreierte Kombination zweier Wörter, mit der ich mich seit nun schon mehr als dreiundzwanzig Jahren konfrontiert sehe, macht es für einen Menschen schon einzig durch die Wahl der beiden Worte, und deren Verschmelzung zu einem medizinischen Fachbegriff zunächst einmal unmöglich, eine klare Aussage darüber zu bekommen, was sich in Wirklichkeit hinter der Diagnose „manisch-depressiv" verbirgt. Als mir im Jahr 1990, während des damals zweiten, stationären Klinikaufenthaltes, diese Diagnose gestellt wurde, machte ich mir sicherlich noch wenig Gedanken über diese beiden Worte, jedoch umso mehr Sorgen um meinen Seelenzustand. Dem Wort „depressiv" konnte ich anfangs schon eine gewisse Definition zuordnen, zumal ja meine Erkrankung im Oktober 1987 offensichtlich durch eine plötzlich aufgetretene, schwere Depression eingeleitet wurde. Dahingegen bot mir der Ausdruck „manisch" zunächst ein sehr undurchsichtiges Bild. Ähnlich, wie das neugeborene Kind seinen Vornamen erhält, bekam schließlich im Frühjahr 1990 auch mein psychisches Krankheitsbild seinen Namen. Was eine Manie und eine Depression im medizinischen, wissenschaftlichen Sinne, jedoch vor allen Dingen auch für den Betroffenen selbst bedeutet und beinhaltet, werde ich hier versuchen, mittels meiner langjährigen Erfahrungen zu analysieren.

Aus der Sichtweise des behandelnden Arztes erscheint es mir vollkommen unmöglich, sofort bei erstmaligem Ausbruch der bipolaren Erkrankung die präzise Diagnose „manisch-depressiv" stellen zu können. Diese eher nebensächliche Feststellung beruht auf der logischen Tatsache, dass die bipolare Erkrankung entweder zunächst mit einer manischen, oder aber mit einer depressiven „Episode" beginnt. In meinem persönlichen Fall war es eine Depression, die meine bipolare Erkrankung zum erstmaligen Ausbruch brachte, und ich bin geneigt, die Vermutung anzustellen, dass die Mehrheit aller bipolaren Verlaufsfälle durch eine depressive Phase eingeleitet wird. Erst durch eine Begutachtung des weiteren Krankheitsverlaufs des Betroffenen, und bei Berücksichtigung der in der Folgezeit auftretenden Krankheitsschübe, wird sich letztendlich herausstellen, ob überhaupt ein bipolares Krankheitsbild vorliegt, oder nicht. Bei mir wurde die Diagnose „manisch-depressiv" während des insgesamt dritten Krankheitsschubes gestellt, etwa zweieinhalb Jahre nach Ausbruch der Erkrankung, doch hörte ich schon von bipolaren Verlaufsfällen, bei denen erst nach vielen Jahren und mehreren bipolaren Erkrankungsphasen schließlich eine konkrete Diagnose gestellt werden konnte.

Während des gesamten Verlaufs der vergangenen gut zwei Jahrzehnte meiner Krankheitsgeschichte habe ich mehr und mehr versucht, meine Erkrankung zu begreifen, und mich mit ihr zu „arrangieren", dabei vor allen Dingen krankheitseinsichtig zu werden, und eine medikamentöse Dauerbehandlung anzunehmen. Doch mit der Diagnose selbst, und insbesondere der fachlichen Wortwahl mit den Ausdrücken „manisch", „depressiv", oder gar „bipolar", habe ich mich bis zum heutigen Tag eher wenig „anfreunden" können. Jene medizinischen Fachbegriffe, die in aller Regel auch noch mit dem sehr unpassend gewählten Anhängsel „Störung" komplettiert werden, umschreiben nicht einmal andeutungsweise die extremen Stimmungsschwankungen, denen ein von der bipolaren Erkrankung betroffener Mensch während seiner krankhaft antriebsgesteigerten, beziehungsweise antriebsschwachen Akutphasen ausgesetzt ist.

Im Hinblick auf meine bisher insgesamt acht krankhaft „durchgedrehten", manischen „Hochphasen" habe ich mich schon immer nur mit sehr viel Mühe mit dem Ausdruck „Manie" zurechtgefunden. Insbesondere ist es hier nahezu unmöglich, wenn man versucht, einem nicht Betroffenen Menschen den „manischen" Teil seiner Krankheit verständlich machen zu wollen, und dabei das Wort „manisch" oder „Manie" in das Gespräch mit einbringt. Zwar soll hiermit ein Teil der bipolaren Krankheit umschrieben werden, jedoch sind die vielfältigen, krankhaft antriebsgesteigerten und psychotischen Gefühlszustände eines bipolar Betroffenen selbstverständlich nicht in einem einzigen Wort zu vereinen. Womöglich stößt der Ausdruck „Manie" bei Personen, welche noch niemals zuvor von der „bipolaren Erkrankung" gehört haben, spontan auf unterschiedliche Reaktionen. Manche vielleicht können mit diesem Begriff überhaupt nichts anfangen, andere wiederum werden wohl nicht zwingend eine Krankheit damit in Verbindung bringen. Die in der medizinischen Fachsprache zur Anwendung kommende Umschreibung der „manischen" Störung trifft letztlich keinerlei Aussage hinsichtlich der Individualität meiner akut krankhaften Gemützustände, welche selbst ich mir im Rückblick kaum begreifbar machen kann.

Im Gegensatz zur „Manie" ist der Ausdruck „Depression" im allgemeinen Sprachgebrauch doch ein relativ verbreitetes Wort, und so scheint es auf den ersten Blick, dass man eine Depression in Bezug auf einen bipolar erkrankten Menschen wesentlich präziser, und zugleich einfacher definieren und beschreiben kann.

Tatsächlich ist dem auch so, doch sollte man sich hierzu ein breites Spektrum an möglichen depressiven Verstimmungen von Menschen vorstellen, und ich meine, dass auch mit dieser Wortwahl nur im Ansatz ausgesagt werden kann, was genau im Einzelnen eine „Depression" für einen bipolar Betroffenen bedeutet. Immer wieder hört man von Menschen, die über depressive Gefühlzustände klagen, oder sich so zusagen selbst als „depressiv verstimmt" diagnostizieren, und dabei diesen medizinischen Begriff in einem Zusammenhang verwenden, der wohl nur ansatzweise mit der höchst komplexen Form der „bipolaren" Depression eines manisch-depressiv Erkrankten in Verbindung gebracht werden darf.

Der manisch-depressiv Betroffene durchlebt in seinen „depressiven" Phasen die extreme Situation eines Gefühlstiefs, welches sich zumeist über einen längeren Zeitraum von Wochen oder sogar Monaten ausdehnen kann. Innerhalb jener krankhafter, depressiv verstimmter Zeiträume können mitunter immer wieder kehrende, suizidale Gedanken auftreten, und in Einzelfällen kommt es auch zum Suizid des Betroffenen. Der depressiv Erkrankte erlebt sich hier in einer ausweglosen Situation, und findet keinerlei Mittel mehr, sich aus ihr eigenmächtig zu befreien. Erschwerend kommt hinzu, dass der „Bipolare" sich innerhalb seiner depressiven Phase zumeist von seinem Umfeld abschottet, da er zur festen Überzeugung gelangt, dass niemand auch irgend eine helferische Maßnahme ergreifen könnte, die der Depression entgegen wirken, und somit den Betroffenen letztlich von seinem Schicksal befreien könnte. Zumeist bleibt dem Erkrankten nur noch der eine Ausweg, in dem er die ärztliche Hilfe mittels eines stationären Klinikaufenthaltes in Anspruch nimmt. Hierbei ist das Umfeld des Betroffenen möglicherweise von großer Wichtigkeit, denn letztlich sind in einer solchen akuten Situation nur die engsten Freunde oder Verwandte in der Lage, entscheidende Schritte einzuleiten, zu denen der Betroffene wohl kaum mehr aus eigener Initiative im Stande wäre.

Bei dem Versuch, die manisch-depressive Erkrankung noch etwas leichter und prägnanter zu umschreiben, oder anders, ihr einen zusätzlichen „Namen" zu geben, hat die medizinische Sprachwissenschaft in den neunziger Jahren mit dem Begriff „bipolar" eine neue Diagnose geformt, mit dem diese beiden konträren Krankheitsausrichtungen innerhalb eines Gesamtkrankheitsbildes nur durch einen einzigen Ausdruck vereint werden. Ob jedoch diese Neuformulierung letztlich zu einer besseren „Handhabung" der manisch-depressiven Erkrankung unter Betroffenen beiträgt, oder weiterführend, sogar zu einem besseren Verständnis innerhalb des sozialen Umfeldes des Betroffenen führen könnte, ist aber mehr als fraglich. Hinzu kommt der Sachverhalt, dass die Medizin im Allgemeinen von einer „bipolaren Störung" spricht. Die Diagnose wird also um einen weiteren Begriff ergänzt, der im wahrsten Sinne des Wortes fast wieder „störend" wirkt, weil dieser eher noch zu neuen Verwirrungen hinsichtlich einer umfassenden Erklärung der Erkrankung beiträgt. Zumindest kann ich aus meiner Erfahrung heraus behaupten, dass ich lieber von einer Erkrankung, als von einer „Störung" berichten würde.

Bipolar Betroffene werden also mit zweierlei Formen von Krankheitsschüben konfrontiert, die in kurzen oder längeren Zeitabständen hintereinander, in unregelmäßigen Wechseln, in schwerer oder abgeschwächter Form, oder auch unmittelbar hintereinander von der einen in die andere Extremausrichtung wechselnd, auftreten können. Den letzteren Fall beschreibt die medizinische Fachsprache mit dem Ausdruck „Switch". Während meines gesamten Lebenslaufs, und der insgesamt elf durchlebten Krankheitsphasen machte auch ich eine bislang einmalige Erfahrung mit einem so genannten „Switch-Effekt". Jene spezielle Situation ergab sich im Jahr 2002, gleich in der dritten Behandlungswoche zu Beginn des stationären Klinikaufenthaltes, als meine akut depressive Verstimmtheit, welche sofort mit hochwirksamen Antidepressiva behandelt wurde, plötzlich innerhalb nur weniger Stunden in eine höchst manische Ausrichtung umschlug.

Zusammenfassend stelle ich fest, dass sowohl die Bezeichnung „bipolar", als auch die kombinierten Ausdrücke „manisch" und „depressiv" einer spontanen sowie präzisen Beschreibung der bipolaren Störung nicht sehr dienlich sind, da doch jeder dieser Begriffe zunächst ein äußerst undurchsichtiges Bild darbietet, was genau sich hinter dieser psychischen Erkrankung verbirgt. Um der Gefahr von sehr wahrscheinlich schon zu Beginn einer eventuell aufklärenden Unterhaltung aufkommenden Missverständnissen ein klein wenig vorzubeugen, empfiehlt es sich, die Ausdrücke „manisch-depressiv", oder auch „bipolar", erst einmal zu vermeiden, und vielmehr zu versuchen, die Symptome der Erkrankung mit eigenen Worten in einer einfachen, und somit leicht verständlichen Form zu umschreiben, um den interessierten Zuhörer nicht sofort mit einer für ihn womöglich kaum entschlüsselbaren, medizinischen Fachsprache zu konfrontieren. Eine sofortige Formulierung der an sich fachlich präzisen Diagnose würde sich zwar als knappe Einleitung der Gesprächsthematik fast ideal eignen, jedoch zweifellos eher für Verwirrung sorgen, und im ungünstigen Fall beim Interessierten womöglich sogar eine abstoßende Haltung provozieren.

Symptome und Folgen

Bei der krankhaften Ausrichtung nach „oben", oder anders, der typischen „himmelhoch jauchzenden" oder „manischen" Phase, ist der Betroffene im Allgemeinen stark antriebsgesteigert, er verspürt ein hohes Energiepotential, und zeigt sich übermotiviert. Er hat nahezu kein Schlafbedürfnis mehr, ist unermüdlich und „überdreht" in seinem Tatendrang, und in einer extremen Weise lebenslustig. Dies kann sich insbesondere auch auf diverse Aktivitäten im Nachtleben auswirken. Darüber hinaus neigt er zu Leichtsinn, Übermut, Überschätzung, spontanen und unkontrollierten Geldausgaben, sowie anderen übereilten, jedoch aus seiner „manischen" Sichtweise sinnvollen Entschlüssen. Er zieht die Menschen wie ein Magnet auf sich, dies mit einem übersteigerten Maß an Unternehmungslust, starkem Rededrang, und einer hohen Strahlkraft. Dies geschieht so lange, bis seine Stimmung möglicherweise plötzlich in „verbale" Aggressivität umschlägt, da er sich von den Personen, denen er voller Stolz und Überzeugung von seinen Taten berichtet, nicht verstanden fühlt. Seine überdrehten Aktionen können schließlich dazu führen, dass er sich nach und nach von seinem Freundeskreis abwendet. Spätestens dann bemerkt auch seine Umgebung die eindeutigen Anzeichen seines krankhaft manischen Schubes, der in vielen Fällen kaum mehr ohne konkrete, fachärztliche Maßnahmen aufzuhalten ist. Oft ist ein mehrwöchiger Klinikaufenthalt der letzte Ausweg aus der Manie. Das Umfeld des Betroffenen ist angehalten, bei Erkennen von Anzeichen eines manischen Verhaltens des Erkrankten helferische Schritte einzuleiten, die von großer Notwendigkeit sein können, da der Betroffene in der akuten Phase seiner Manie einerseits nicht mehr selbst in der Lage ist, seinen Zustand wieder in psychisch ausgeglichene Bahnen zu lenken, und er sich außerdem selbst durch Unachtsamkeiten in höchste Gefahr bringen kann.

Wenn die krankhafte Kurve nach „unten" ausschlägt, also bei der typischen „zu Tode betrübten" oder „depressiven" Phase, so empfindet sich der Betroffene im Allgemeinen ohne jeglichen Antrieb, er fühlt sich körperlich schwach, spürt eine schwere Last auf seiner Seele, verkriecht sich in seiner Wohnung, verlässt diese nur noch für nötigste Erledigungen, vernachlässigt Sauberkeit und Körperpflege, bleibt viel im Bett liegen, oder nahezu bewegungslos auf dem Stuhl oder dem Sofa sitzen, grübelt viel, und dreht sich mit seinen trüben Gedanken unaufhörlich im Kreis. Er hat wenig Appetit, und verspürt kaum noch Lebenskraft. Fernseher oder Radiogerät werden höchstens noch zur latenten Berieselung eingeschaltet. Gefühle der Freude und selbst der Trauer sind nur noch ansatzweise, oder mitunter überhaupt nicht mehr erlebbar. Der Betroffene verfällt gedanklich in eine Endlosschleife, gebündelt aus Selbstvorwürfen, Schuldgefühlen, bis hin zu suizidalen Gedanken, und in manchen Verlaufsfällen kommt es auch zu der Durchführung eines Suizids. Deshalb kann auch hier das Umfeld eine wichtige Rolle spielen, und ist ebenso, wie im Falle der Manie, dazu angehalten, helferisch einzugreifen, wenn erkennbare Anzeichen entstehen, die das Abdriften des Betroffenen in eine depressive Phase anzeigen. Jedoch sind insbesondere aufgrund der extremen Zurückgezogenheit und Abschottung des Depressiven solche Merkmale für das Umfeld nur schwer registrierbar. Mitunter neigt der Depressive in der aus seiner Sicht scheinbar ausweglosen Situation vereinzelt auch dazu, in Gesprächen mit Angehörigen oder Freunden verbale Hinweise zu geben, so genannte „Hilferufe", welche die Aufmerksamkeit des Umfeldes steigern, und somit womöglich auch deren Chance erhöhen könnte, im äußersten Notfall rasche Maßnahmen zum Selbstschutz des Betroffenen einzuleiten.

Bei den manischen und depressiven Schüben eines Betroffenen unterscheidet man während des krankhaften Ausschlags zwischen unterschiedlichen Stärkegraden. Insbesondere bei einer manischen Ausrichtung der Krankheit spricht man konkret von einer „Hypomanie", wenn sich die Manie in einer leichteren, abgeschwächten Form offenbart. Auch eine Depression des Bipolaren kann in verschiedene Stärkestufen eingeteilt werden. Meine manischen und depressiven Schübe entwickelten sich rückblickend zumeist über einen Zeitrahmen von mehreren Wochen oder sogar Monaten. Insbesondere während der manischen Phasen war es mir bisher nicht möglich, aus eigener Kraft eine Verbesserung meines akut krankhaften Zustandes herbeizuführen, so dass ein stationäre Behandlung in einer Klinik die letztlich einzig in Betracht zu ziehende, obligatorische Konsequenz bedeutete. An dieser Stelle möchte ich jedoch ausdrücklich bemerken, dass ich, insbesondere bezüglich meiner diversen manischen sowie auch meiner depressiven Symptome meinen ganz persönlichen Verlauf beobachte, ohne jegliche Vergleiche zu anderen bipolar betroffenen Menschen und deren individueller und umfangreicher Krankheitsverläufe zu ziehen. Ohne Zweifel wird mein „manisch-depressiver" Verlaufsfall in diversen Merkmalen einige Gemeinsamkeiten zu zahlreichen, „bipolaren" Krankheitsgeschichten aufweisen können, jedoch ist es grundsätzlich nicht möglich, die Erkrankungsverläufe von zwei bipolar erkrankten Menschen zu vergleichen, ebenso wie es unmöglich ist, bei der Begutachtung der Lebensläufe zweier beliebiger Menschen einen Vergleich anzustellen.

Bis zu einem bestimmten zeitlichen Stadium zu Beginn eines jeweiligen manischen oder depressiven Erkrankungsschubes ist grundsätzlich zweifellos die Möglichkeit gegeben, dass ein stationärer Aufenthalt in einer psychiatrischen Klinik umgangen, und die schleichend aufgekommene, krankhafte Phase schließlich vollständig abgebremst werden kann. Ich selbst kam jedoch bei keiner einzigen meiner Krankheitsschübe in den „Genuss" dieser Erfahrung. Ist aber einmal die Manie oder die Depression nahezu am Endstadium der Entfaltung angelangt, so ist eine Einweisung in eine Psychiatrie wohl letztlich unvermeidbar. Dies kann unter Umständen auch über eine Zwangseinweisung geschehen, und möglicherweise obendrein noch per Anordnung durch einen richterlichen Bescheid. Vor einigen Jahren bin ich einmal einem bipolar Betroffenen begegnet, der, obwohl er schon in jungen Jahren von einem Facharzt mit „manisch-depressiv" diagnostiziert wurde, auch im Lebensalter von über 40 Jahren noch keinen einzigen stationären Aufenthalt in einer Psychiatrie oder einem „psychosomatischen" Krankenhaus in Anspruch nehmen musste. Offensichtlich war er in der Lage, seine Krankheitsschübe beider bipolarer Ausrichtungen ambulant, oder mitunter sogar ohne jeglichen ärztlichen Beistand abzufangen, und schließlich eigenmächtig zu seinem psychischen Gleichgewicht zurück zu finden. Bestimmt kann dies nur dann gelingen, wenn sich die Ausschläge der einzelnen krankhaften Schübe in kontrollierbaren Grenzen bewegen, und der bipolar Betroffene dazu befähigt ist, seine seelischen Schwankungen mittels einer genauen und disziplinierten Selbstbeobachtung zu registrieren, und diese anschließend aus eigenem Antrieb, oder nahezu ohne jegliche Hilfe von „Außen" unter Kontrolle zu bringen.

Jede einzelne meiner bisher insgesamt elf durchlebten, krankhaften Phasen war, ob manisch oder depressiv, bis auf eine einzige Ausnahme immer mit einem dringend notwendigen Klinikaufenthalt in einer psychiatrischen Einrichtung verbunden. Zwar konnte während meines damals zweiten Krankheitsschubs im Jahr 1988 ein stationärer Psychiatrieaufenthalt umgangen werden, jedoch zog sich die ambulante Behandlungsphase über eine sehr lange Gesamtdauer von neun Monaten hinweg. In Erinnerung an jene Zeit, als ich in etwa einwöchigen Abständen die Arztpraxis eines niedergelassenen Psychiaters aufsuchte, muss ich heute noch mit Nüchternheit feststellen, dass dieser lang anhaltende, höchst psychotische Schub, welcher sich im jungen Alter von 21 Jahren ereignete, von extremen Angstzuständen sowie starken Wahnvorstellungen geprägt war und deshalb mit Eindeutigkeit als die bisher „Schwerste" all meiner akuten Erkrankungsphasen zwischen den Jahren 1987 und 2009 einzuordnen ist. In der damaligen Situation stand zudem auch noch keine eindeutige Diagnose fest, und mitunter erkläre ich mir hiermit rückblickend den unzureichenden, fachlichen Beistand eines scheinbar völlig überforderten und zugleich unkompetenten Psychiaters, der zum damaligen Zeitpunkt nicht wusste, welche Medikamente er im Hinblick auf eine erfolgreiche Behandlung meines Gemütszustandes zum Einsatz bringen könnte.

Bezüglich der übrigen zehn Krankheitsphasen, beginnend zunächst mit einer schweren Depression im Jahr 1987, des Weiteren beim dritten Krankheitsschub im Jahr 1990, als erstmalig die Diagnose „bipolar" festgestellt wurde, und allen weiteren Erkrankungsschüben bis zum Jahr 2009, gab es keine andere Wahl, als jeweils eine stationäre Einweisung in eine psychiatrische Klinik in Betracht zu ziehen. Die diversen Schübe bauten sich schleichend, und dennoch zügig innerhalb mehrerer Wochen auf, die Wellen der Erkrankung schwappten höher und höher, gleich welcher der beiden „bipolaren Pole" gerade angesteuert wurde, bis schließlich eine Klinikeinweisung unabwendbar wurde. Die diversen Aufenthalte in den Psychiatrien erstreckten sich jeweils über eine durchschnittliche Gesamtdauer zwischen drei bis sechs Monaten. Eine Ausnahme zeigt der stationäre Klinikaufenthalt des Jahres 2009, der vergleichsweise „nur" fünf Wochen andauerte. Die jeweiligen, krankhaften Zustände einer überdrehten, manischen Ausrichtung führten nahezu immer zu stationären Zwangseinweisungen in eine Psychiatrie. Diese wurden dann zumeist nachträglich durch eine richterliche Anordnung untermauert.

Erstmals kam es dann im Verlaufe meiner depressiven Erkrankungsphase im Jahr 2002 zu einer von mir freiwillig angeordneten Einweisung in eine Klinik, als ich plötzlich mit klarem Bewusstsein die Ausweglosigkeit meiner seelischen Notsituation erkannte, und daraufhin geistesgegenwärtig eine sofortige Hilfe der Ärzte, sowie die Sicherheit innerhalb eines geschützten Rahmens in Form der psychiatrischen Klinik in Anspruch nahm, auch wenn dieser Entschluss anfänglich eine freiwillige Einweisung auf der geschlossenen Station zur Folge hatte. Ebenso möchte ich die Situationen der Jahre 2001 und 2009 hervorheben, als ich schließlich, nach jeweils mehreren Wochen des Zustandes einer akut manischen Symptomatik ohne jegliche Gegenwehr einem stationären Aufenthalt in einer Psychiatrie zustimmte, auch wenn es zuvor von ärztlicher Seite einer großen Überzeugungskraft bedurfte. Dadurch wurde eine Zwangseinweisung nicht erforderlich.

Chronologie meiner Krankheitsgeschichte

Ausbruch einer Depression

Kopfüber hing ich am geöffneten Fenster meines Studentenzimmers im vierten Stock eines Wohnhauses in der Karlsruher Innenstadt. Seit Stunden schaute ich immer wieder auf den Asphalt der Straße hinunter. Meine Gedanken kreisten nur noch um den einen Entschluss, mir mit einem Sprung in die Tiefe das Leben nehmen zu wollen. Inzwischen befand ich mich nun schon zwei Wochen lang in dieser zunehmend von Verzweiflung und Ausweglosigkeit geprägten Situation, doch glücklicherweise schien mein unterdrückter, innerer Lebenswille ein klein wenig stärker zu sein als der Drang, eine Selbsttötung durchzuführen.

Im Juni 1986, acht Tage vor meinem 19. Geburtstag, hatte ich mein Abitur in der Tasche. Anders als die drei älteren Brüder, die in den Jahren zuvor den selben Schulabschluss absolviert, und jeweils voller Tatendrang und Zielstrebigkeit mit Ihren diversen Studiengängen an der Universität Karlsruhe begonnen hatten, erlebte ich mich insbesondere in physischer Hinsicht noch als sehr unreifen Menschen, dazu ohne jegliches Selbstvertrauen, und darüber hinaus kaum dazu in der Lage, eigenverantwortliche Entscheidungen bezüglich meines zukünftigen Lebens zu treffen. Ich begann eine Ausbildung zum Bauzeichner in einem Architekturbüro im Wohnort meiner Eltern, doch brach ich diese kurze Zeit später wieder ab, und stellte fest, dass ich auf das berufliche Leben nach der Schulzeit in keiner Weise vorbereitet war. Auch der anschließende Beginn des Studienganges Kartografie an der Fachhochschule Karlsruhe stellte rückblickend vermutlich kaum mehr als den Versuch dar, ein Minimum an zukunftsorientierten Erfahrungswerten zu sammeln, jedoch musste ich vor allen Dingen nüchtern feststellen, dass meine Konzentrationsfähigkeit und Antriebskraft, die ich zum Ende der Schulzeit noch weitgehend aufrecht erhalten konnte, in der jetzigen Lebensphase kaum noch vorhanden war.

So plätscherte das erste Semester meines Kartografiestudiums förmlich an mir vorbei, jedoch konnten die Prüfungen zum Ende des Semesters im Juli 1987 zumindest einigermaßen zufrieden stellend absolviert werden. Wie auch schon im Jahr zuvor ging ich auch zur Sommerferienzeit des Jahres 1987 einer mehrwöchigen Arbeit in einer Motorenfabrik nach. Mit dem verdienten Geld ermöglichte ich mir meine allererste Flugreise, zu der sich mein ältester Bruder anschloss. Jedoch entpuppten sich die vier Wochen in Griechenland als ein einziger Alptraum. Gleich am ersten Urlaubstag fielen wir in der Athener Innenstadt Trickdieben zum Opfer, von denen wir uns zu einem offensichtlich günstigen Geldwährungswechsel überreden ließen. Hierbei verloren wir fast unser gesamtes erspartes Reisegeld. Mein Gemütszustand war somit während des weiteren Verlaufs der Reise überwiegend geprägt von Angstzuständen, wohin gegen mein älterer Bruder einen abgeklärten Eindruck machte, und damit eher beruhigend und stabilisierend auf mich einwirkte.

Unmittelbar nach der Rückkehr aus Griechenland, und dem darauf folgenden Beginn des zweiten Studiensemesters im Oktober 1987, fühlte ich, noch vollkommen schockiert und verunsichert von diesen aktuellen Geschehnissen, plötzlich eine sehr tiefe Traurigkeit, Leere und Niedergeschlagenheit in mir, ein erdrückender Zustand, der es mir unmöglich machte, die ersten Pflichtvorlesungen an der nahe gelegenen Fachhochschule zu besuchen. Wie durch eine gewaltige Kraft wurde ich innerhalb von 14 Tagen in ein immer dunkler werdendes „Gefühlsloch" herab gerissen, wobei sich zunehmend intensiver werdende suizidale Gedanken entwickelten. In meiner verzweifelten, ausweglos erscheinenden Situation entschloss ich mich dennoch weiterhin, mit meinen Eltern im telefonischen Kontakt zu bleiben. Meine sachten, verbalen „Anmerkungen" hinsichtlich meines akuten und zudem gefährlichen Gemütszustandes konnten seitens meiner Mutter als „Hilfesignal" gedeutet werden, und so wurde rasch ein Notarzt bestellt. Dieser suchte mich sofort in meiner Karlsruher Wohnung auf, und ordnete dann eine unmittelbare Weiterbehandlung in einer psychiatrischen Klinik in Baden-Baden an. Ein Krankenwagen brachte mich schließlich in das Krankenhaus. Dort wurde mir ein Bett zugeteilt, und der behandelnde Arzt verabreichte mir nach einem vorläufigen Befund ein Beruhigungsmedikament. An meinem depressiven Zustand änderte sich im Verlaufe der ersten Wochen des stationären Aufenthaltes zunächst kaum etwas, vielmehr bestimmten Gefühle wie Angst, Hoffnungslosigkeit, und immer wieder aufkommende Suizidgedanken meinen Klinikalltag. Die ab dem Beginn der Behandlung eingenommenen, hoch dosierten Psychopharmaka schienen jedoch, nach etwa einem Monat der Aufenthaltsdauer langsam ihre Wirkung zu zeigen. Tag um Tag besserte sich mein Allgemeinbefinden, und schließlich konnte ich vollständig aus dieser ersten, schweren depressiven Phase befreit werden. Die Entlassung aus der Klinik erfolgte im Dezember 1987 durch den behandelnden Arzt, welcher mir rückwirkend die Diagnose „Depression" bescheinigte. Darüber hinaus wurden keine weiteren vorbeugenden Medikamente verordnet.

Diese schwierige Lebensprüfung, der ich hier unterzogen wurde, machte mir zweifellos klar, dass ich diesen persönlichen

Schicksalsschlag in Form einer Depression nicht einfach nur als einen kurzzeitigen, tiefen Sturz in eine psychische Krise einordnen durfte. Die gerade erlebten, beängstigenden Geschehnisse hatten mich zum ersten Mal in meinem Leben regelrecht aus der Bahn geworfen, und mein Leben war an einem Moment des Stillstandes angekommen. Nun lag es an mir, den Faden meines Lebens wieder aufzunehmen. Nach einer Erholungspause setzte ich im Frühjahr 1988 mein Kartografiestudium fort. Inzwischen schien die Depression, die noch etwa ein halbes Jahr zuvor eine kleine Kerbe in meinen Werdegang geschlagen hatte, nahezu in Vergessenheit geraten zu sein. Dennoch spürte ich eine Verunsicherung, die es kaum ermöglichte, mich produktiv auf mein Studium zu konzentrieren. Vielmehr mangelte es mir weiterhin sehr an Selbstvertrauen, Eigenverantwortung, und Reife. Jene wichtigen Eigenschaften vermisste ich bei mir ja schon zum Ende meiner Schulzeit, und diese depressive Phase verhalf selbstverständlich nicht zu einer Weiterentwicklung und Stärkung des Selbstbewusstseins. Die Resultate meiner Abschlussprüfungen des zweiten Studiensemesters im Sommer 1988 waren nur äußerst unzureichend. Zu jenem Zeitpunkt empfand ich mich in einer leicht melancholisch gedrückten Stimmung. Meine drei älteren Brüder befanden sich inzwischen mit deren Studiengängen in einer fortgeschrittenen Phase, und ich versuchte, als vierter Sohn der Familie, nicht komplett den Anschluss zu verlieren.

Hinsichtlich der Chronologie meiner Krankheitsgeschichte symbolisiert diese depressive Erkrankungsphase zugleich den offiziellen Beginn meiner manisch-depressiven Störung. Das Datum meiner ersten stationären Einweisung in eine Psychiatrie, der 14. Oktober 1987, hat sich bis zum heutigen Tag tief in mein Gedächtnis eingemeißelt. Aus dieser zu Beginn meiner gesamten Verlaufsgeschichte depressiven „Episode" entwickelte sich in den darauf folgenden Jahren eine psychische Erkrankungsform, über deren Ausmaß, Schwere und Komplexität ich mir zum damaligen Zeitpunkt nicht im Geringsten bewusst sein konnte.

Während jedes einzelnen stationären Klinikaufenthaltes konnte ich durch gezielte Behandlungsmethoden der zuständigen Ärzte, und insbesondere einer umfangreichen, medikamentösen Versorgung schließlich vollständig von meinen manischen oder depressiven Symptomen befreit werden. Jedoch wurde ein Neubeginn in einen symptomfreien, stabilen Lebensabschnitt unmittelbar im Anschluss an eine Manie zu einer ungleich höheren Belastungsprobe, als sich dies vergleichsweise beim Wiederaufbau nach einer Depression gestaltete. Die Energien, die während einer manischen Phase im Übermaß verbraucht wurden, waren zumeist noch über einen längeren Zeitraum nach der Klinikentlassung förmlich zugeschüttet, und ein Neuaufbau einer Lebensstruktur ging nur sehr schleppend voran. Eine sofortige Rückfallgefahr in einen nächsten, akuten Erkrankungsschub, unmittelbar nach erfolgreicher Behandlung einer Manie oder einer Depression, war zwar nie zwingend gegeben, jedoch waren besonders nach der Behandlung einer manischen Phase zumeist nachhaltige Spuren einer melancholisch geprägten Verstimmtheit angezeigt. Dahin gegen kam der Neubeginn eines weiteren Lebensabschnitts, unmittelbar nach einer behandelten Depression, nahezu einem großen „Befreiungsschlag" gleich, denn konnten im Vergleich wieder verhältnismäßig rasch positive Gedanken und Energien freigesetzt, eine konstruktive Tagesstruktur entwickelt, und zukünftige Projekte angegangen werden.

Der Schock, und das Licht am Ende des Tunnels

Während meiner mehrwöchigen Hilfstätigkeit in einer Fabrikhalle, nach Beendigung des zweiten Kartografiesemesters, traf ich gemeinsam mit einem Freund konkrete Vorbereitungen für eine gemeinsame Urlaubsreise an die französische Atlantikküste. In der Nacht vor unserer geplanten Abreise verstarb jedoch überraschend der Vater meines Freundes. Spontan entschied ich mich, die Reise alleine per Auto anzutreten. Die Fahrt führte mich über Paris, wo ich einen kurzen Zwischenhalt einlegen wollte. In einem Park eines Pariser Außenbezirks begegnete ich dann einer Personengruppe, wobei sich eine sympathische Unterhaltung ergab, und ich war erfreut, nach langer Zeit einmal wieder meine guten Französischkenntnisse praktisch anwenden zu können. Daraufhin lud man mich in eine nahe gelegene Wohnung zu einem Kaffee ein, und ich nahm die Einladung dankend und vertrauensvoll an.

Im Anschluss hierauf folgt ein kurzes Zeitfenster von einigen Stunden, welches mir immer verborgen bleiben wird, denn nach Wiedererlangen meines Bewusstseins fand ich mich schließlich alleine in dieser Wohnung vor. Sofort überkam mich eine panische Angst. Zwar konnte ich das Haus problemlos verlassen, auch meine Wertsachen hatte ich zum Glück noch bei mir, und ebenso fand ich mein Auto unbeschadet vor, jedoch verwandelten sich ab diesem Moment mein kurz zuvor noch vollkommen klaren und positiven Gedankengänge plötzlich in krankhafte, verwirrte und wahnhafte Vorstellungen. Voller Angst fuhr ich mit dem

Auto davon, steigerte mich mehr und mehr in diese unwirklichen Gedanken hinein, und versuchte, auf die gerade erlebten Ereignisse eine Antwort zu finden. Doch dies führte letztlich nur zu einer Verstärkung meiner psychotischen Gedanken, und schließlich kam ich in meiner akut krankhaften Einbildung eines Verfolgungswahns zu der Überzeugung, dass nicht nur diese Leute, denen ich im Park begegnet bin, mir Unheil anrichten wollten, sondern dass ab sofort alle Menschen dieses Vorhaben gegen mich im Sinn haben würden.

Wie auch schon ein Jahr zuvor, gleich zu Beginn der Urlaubsreise in Athen, befand ich mich abermals in einer Form des Schockzustandes, jedoch entwickelte sich dieser konkrete Ausnahmezustand in Paris in einer sofortigen krankhaften, und vor allen Dingen extrem psychotischen Ausrichtung. Inmitten dieses Traumas steuerte ich schließlich das Haus des Onkels eines ehemaligen Mitschülers an, dessen Pariser Adresse ich bei mir hatte, für den „Notfall". Einerseits empfand ich mich zweifellos in einer Notfallsituation, jedoch war ich mir in meinem wahnhaft psychotischen Denken auch darüber im Klaren, dass ich mit dem Vorhaben dieses spontanen Besuchs einem Menschen begegnen könnte, der mir doch zweifellos Schaden zufügen wollte. Als ich dann diese mir unbekannte Person antraf, und vollkommen verstört und dennoch überraschend vertrauensvoll von meinen konkreten Wahnvorstellungen berichtete, rief dieser sofort die Polizei. Wenige Minuten später wurde ich in die Pariser Psychiatrie „St. Anne" gefahren. Ein Aufnahmegespräch mit einem Arzt gab es nicht, doch sogleich wurden mir hoch dosierte Psychopharmaka verabreicht, ich erhielt ein weißes Nachthemd, und wurde drei Tage lang in ein kahles Einzelzimmer, welches ausschließlich aus einem Bett bestand, in Verwahrung genommen. Meine Todesangstzustände hatten ihren Höhepunkt erreicht.

Jedes Mal, wenn ich eine Person auf dem neben meinem Zimmer verlaufenden Gang vorbei gehen hörte, schrie ich panisch und flehend: „Ne me tuez pas"! – „Bringt mich nicht um".

Plötzlich wurde ich dann, am dritten Tag des stationären Aufenthalts, per Auto von meiner Mutter und zweier meiner Brüder in der Pariser Psychiatrie abgeholt. Einerseits war ich glücklich und sehr erleichtert, jedoch konnte ich mir aufgrund meiner nach wie vor stark psychotischen Gedanken solch eine überraschende Entwicklung nicht im Geringsten erklären. Die Rückfahrt in die Heimat verlief problemlos, jedoch war mein Gemütszustand weiter geprägt von hochgradigen Angstzuständen und Wahnvorstellungen. Trotz der extremen Schwere dieser insgesamt zweiten psychischen Erkrankungsphase kam es, anders als bei allen übrigen Erkrankungsphasen, diesmal nicht zu einer stationären Einweisung in eine psychiatrische Klinik. Ein in der Nähe des Wohnorts meiner Eltern niedergelassener Psychiater sollte sich meinem „Fall" annehmen. Zunächst wurde meine Erkrankung mit „Psychose" diagnostiziert. Was darauf folgte, war eine monatelange Dauerbehandlung mit unterschiedlichsten Medikamenten, die neben einer erhofften, effizienten Wirkung insbesondere aber auch äußerst unangenehme Nebenwirkungen versprechen sollten. Meine großen Ängste und Wahnvorstellungen zeigten sich hartnäckig, und über einen langen Zeitraum wollte sich keinerlei Besserung meines Zustandes ergeben. Vielmehr veranschaulichte mir mein behandelnder Psychiater bei jedem einzelnen Termin die außerordentliche Schwere und Komplexität meiner Erkrankung, und prognostizierte mir nur sehr bedingte Chancen auf eine erfolgreiche Behandlung.

Ganze neun Monate lang befand ich mich nicht nur unter der Obhut dieses Psychiaters, sondern verbrachte zudem fast die gesamte Dauer im Bett, zu stark waren die Wirkungen der Psychopharmaka, und insbesondere deren Nebenwirkungen machten meinen Körper nahezu funktionsunfähig. Ab dem Frühjahr 1989 gingen die Angstzustände dann endlich nach und nach zurück, sodass der Arzt das Absetzen der Medikamente anordnete. Langsam gelang es mir in der Folgezeit, in körperlicher Hinsicht neue Energien freizusetzen, und zudem auf geistiger Ebene zunehmend wieder ein schon nahezu vollkommen in Vergessenheit geratenes, positives Lebensgefühl zu entwickeln. Dennoch saß der Schock über die Erlebnisse und den langen, schwerwiegenden Krankheitsverlauf weiterhin sehr tief. Mein Werdegang war an einer Sackgasse angekommen, und jetzt galt es, wieder eine neue Richtung nach vorne zu finden, und das komplett aus den Fugen gerissene Leben einigermaßen wieder in eine gewisse Ordnung zu bringen. Im Sommer 1989 arbeitete ich dann abermals einige Wochen lang in einer Fabrik. Anschließend begann ich eine Ausbildung zum Hotelfachmann, die ich jedoch wieder kurze Zeit später beendete. Darauf hin folgte eine weitere mehrwöchige Tätigkeit als Lieferant in einem Elektrogeschäft. Mittels des verdienten Geldes fuhr ich im Dezember 1989 gemeinsam mit einem Freund zu dessen Mutter nach Berlin. Dort verbrachten wir über einen Zeitraum bis etwa Februar 1990 viele Nächte in Bars und Discotheken. Ich erinnere mich zurück an eine ausgelassene, erlebnisreiche Lebensphase, in der ich neues Selbstbewusstsein tanken konnte, jedoch vor allen Dingen die schlimmen Gedanken an meine grausamen Wahnvorstellungen im Sommer 1988 hinter mir lassen konnte. Zwar hatte ich in noch kein klares Ziel hinsichtlich meiner Zukunft vor Augen, doch zunächst einmal erfreute ich mich an meinem gesteigerten Antrieb, meiner Energie, und an einer ungewohnt gehobenen Stimmung. Schleichend bewegte ich mich jedoch mehr und mehr auf eine manische Krankheitsphase zu.

Die Diagnose

Die Hochstimmung, welche sich in mir während des Aufenthaltes in Berlin aufgebaut hatte, verwandelte sich nach und nach in einen Mischzustand aus Euphorie, verbaler Aggression, und Gereiztheit. Hinzu kam, dass ich meinen Schlaf auf ein Minimum reduzierte, und dennoch dabei einen übersteigerten Antrieb verspürte, den ich letztlich nicht mehr zu kontrollieren vermochte. Nach einem Termin bei meinem Hausarzt ordnete dieser schließlich im Februar 1990 eine sofortige stationäre Einweisung in die Psychiatrie in Freiburg an. Wie auch schon bei meiner ersten Klinikeinweisung im Jahr 1987 wurden mir auch dort, im Anschluss an ein einleitendes Gespräch mit dem Stationsarzt, zunächst hoch wirksame Medikamente zur Beruhigung verabreicht. Die Begutachtung meines aktuellen Krankheitsverlaufs, die Berücksichtigung der vorliegenden, krankhaften Symptome, und eine Analyse der medizinischen Berichte, die aus der depressiven Krankheitsphase des Jahres 1987, sowie der psychotischen Zeitspanne aus dem Jahr 1988 hervorgegangen waren, ließen die behandelnden Ärzte schließlich schon nach wenigen Tagen zu der präzisen Schlussfolgerung kommen, dass es sich bei meinem jetzigen Krankheitsschub um eine manische Phase handeln muss. Somit wurde hinsichtlich meines bisherigen Krankheitsverlaufs schlussfolgernd die Diagnose „manisch-depressive" Störung festgestellt. Die medikamentöse Behandlung wurde fortgesetzt, jedoch war es den Ärzten nun möglich, mit spezifischen Psychopharmaka gezielt gegen meine manischen Symptome vorzugehen. Zumindest war dies in der

Form machbar, wie es die medizinischen Erkenntnisse und Forschungsergebnisse zu Beginn der 90er Jahre in Bezug auf die Behandlung einer Manie zuließen. So verbrachte ich nahezu drei Monate in einem von Medikamenten „gedämpften", und von Müdigkeit bestimmten Zustand. Neben der Verabreichung dieser Psychopharmaka wurden mir nun auch so genannte Stimmung stabilisierende Medikamente verordnet. Diese sollten dann auch vorbeugend, über meine Klinikentlassung hinaus täglich und lebenslang eingenommen werden.

Im Juni 1990 konnte ich die Klinik verlassen. Die krankhaft manischen Symptome konnten erfolgreich behandelt werden. Jedoch wollte ich mich nicht mit der Vorstellung abfinden, ab sofort dauerhaft, bis zu meinem Lebensende, Medikamente einnehmen zu müssen, die mich, was mir die Ärzte der Klinik versicherten, vor einer möglichen, weiteren psychischen Erkrankungsphase bewahren könnten. Schon einige Wochen nach der Klinikentlassung setzte ich diese vorbeugenden, Stimmung stabilisierenden Medikamente wieder eigenmächtig ab. Abermals begann eine Phase des Wiederaufbaus und der Neuorientierung, doch hinsichtlich meines bisherigen Werdegangs war in meinem Leben keinerlei Struktur mehr erkennbar. Ich blickte zurück auf drei psychische Erkrankungsphasen, zwei abgebrochene Ausbildungen, ein abgebrochenes Studium, und einige kurzweilige Jobs, und verspürte in der aktuellen Situation keinerlei Antrieb, der dringend hilfreich gewesen wäre, um neue Ziele zu entwickeln. Des Weiteren fehlte es mir nach wie vor an Selbstvertrauen, und insbesondere ließen die einschneidenden Geschehnisse der vergangenen Jahre mein Selbstwertgefühl auf ein Minimum schrumpfen. Dennoch hielt mich meine gewisse Ziellosigkeit nicht davon ab, zumindest wieder einen neuen Reiseplan zu schmieden. Trotz der Erinnerung an die noch aus heutiger Sicht

„schlimmsten Tage meines Lebens", die ich gerade erst zwei Jahre zuvor in der Pariser Psychiatrie verbracht hatte, fühlte ich mich lange Zeit nahezu magisch angezogen von dieser Stadt. So fuhr ich im Sommer 1990 abermals in die französische Metropole, und lernte dort eine Frau kennen, bei der ich mehrere Monate verweilte. Scheinbar vergessen waren jene panischen Momente in der dortigen psychiatrischen Klinik „St. Anne". Mein nahezu vergrabenes Selbstvertrauen kam wieder ein wenig zum Vorschein, und ich versuchte, mir neue Ziele zu setzten. Jedoch merkte ich, dass ich diese Ziele, welche vor allen Dingen beruflich orientiert waren, nicht in Paris verwirklichen konnte. Im Winter 1990 kehrte ich schließlich nach Deutschland zurück, und bezog zunächst eine kleine Wohnung in Berlin. Plötzlich ergriff ich wie aus dem Nichts im Sommer 1991 die Initiative, und bewarb mich um einen Ausbildungsplatz als Reiseverkehrskaufmann in einer Freiburger Privatschule. Im September 1991 begann die Ausbildung, die sich insgesamt über zwei Jahre erstrecken sollte, wovon das erste Jahr ausschließlich aus theoretischem Schulunterricht bestand. Von Beginn der Schulzeit fühlte ich mich sehr wohl, ich machte einige Bekanntschaften mit Mitschülern, und auch die theoretischen Prüfungen bereiteten mir keinerlei Schwierigkeiten. Nach knapp fünf Monaten der absolvierten Schulzeit, im Januar 1992, rutschte ich dann abermals plötzlich innerhalb nur weniger Tage in einen psychotisch-manischen Zustand, der unabwendbar zu einer erneuten stationären Einweisung in eine psychiatrische Klinik führte.

Die Manie reißt ein weiteres Loch in den Lebensweg

Innerhalb nur weniger Wochen entwickelten sich in mir erneut extreme, krankhaft psychotische Gedanken, die abermals von Angstzuständen und Wahnvorstellungen begleitet waren. Das Schlafbedürfnis reduzierte sich auf ein Minimum, und schließlich blieb ich von der Schule fern. Nicht einmal ein halbes Jahr der Schulzeit meiner Ausbildung war absolviert, und bis dahin deutete nicht das geringste Anzeichen darauf hin, dass ein derartig psychotischer Schub zum Ausbruch kommen könnte. Zwar waren die wahnhaften Gedanken bei weitem nicht so stark ausgeprägt, als noch während der psychotischen Situation im Jahr 1988, jedoch gesellte sich dafür aber ein bis dahin unbekanntes, krankhaftes Merkmal hinzu, welches man in einem Wort vielleicht mit „Größenwahn" umschreiben könnte. In meinem verwirrten Denken hatte sich inzwischen ein komplexer, psychotischer Mischzustand festgesetzt, denn einerseits war ich beängstigt durch die Empfindungen eines Verfolgungswahns, doch andererseits fühlte ich eine übermächtige Kraft in mir, mit der es mir möglich war, die aufgekommene Angst in meinen Gedanken in nahezu erträglichen Grenzen zu halten. Wiederum hatte ich jedoch das Gefühl, jedem mich umgebenden Menschen misstrauen zu müssen, ja in ihm einen Feind zu sehen.

Ich hatte ein Zimmer zur Untermiete bei einem älteren Ehepaar in einer dörflichen Gegend nahe Freiburg, und eines Morgens, im Januar 1992, als ich die Zimmertür öffnete, nachdem ich die ganze Nacht wach im Bett gelegen hatte, spürte der

Vermieter, der mir zufällig im Hausflur begegnete, an meinem aufgebrachten und zugleich verängstigten Verhalten, dass ich nicht mehr „Herr meiner Sinne" war. Er rief spontan die Polizei, die kurze Zeit später eintraf, und mich in die Psychiatrie nach Emmendingen brachte. Abermals wurde ich unmittelbar nach meiner Ankunft auf der Aufnahmestation mit hoch dosierten Medikamenten behandelt. Im Verlaufe der ersten Wochen der stationären Behandlung wurden mir derartig viele und unterschiedlichste Psychopharmaka verabreicht, die mich in einer extremen Form ruhig stellten. Aufgrund der starken Nebenwirkungen der Medikamente schlief ich sehr viel. Zumeist war ich nur während der Essenszeiten wach, und manchmal fühlte ich mich körperlich so schwach, dass ich in den Essenssaal auf allen Vieren krabbeln musste, weil ich mich nicht mehr auf den Beinen halten konnte. Auch hatte ich vereinzelt nicht die Kraft, mein Besteck in den Händen zu halten. Fast pausenlos lief der Speichel aus dem Mund, und selbst meine Sehkraft war aufgrund dieser Nebenwirkungen stark beeinträchtigt.

Es war eine schwierige Zeit auf der geschlossenen Station, und insbesondere deshalb, da mein Kopf bei klarem Verstand mitbekam, was der Körper an zahlreichen von Nebenwirkungen beeinflussten „Signalen" von sich gab, jedoch nichts dagegen tun konnte. Mehr als zwei Monate vergingen, bis ich endlich einmal außerhalb der geschlossenen Station gemeinsam mit Pflegekräften und einer Gruppe anderer Patienten einen kleinen Spaziergang im Klinikpark unternehmen durfte. Die starke Medikation wurde jedoch zunächst weiterhin fortgesetzt. Rückblickend muss ich heute feststellen, dass die behandelnden Ärzten sich wohl zum Ziel gesetzt hatten, ihre Patienten unkontrolliert und wahllos mit allen zur Verfügung stehenden Pillen ruhig zu stellen. Ich habe nicht das Gefühl, dass man hier eine gezielte Behandlung vorgenommen hat, eher möchte ich hierbei den Begriff „Demütigung" mit einfließen lassen. Noch heute ist es mir kaum begreiflich, wie ich überhaupt aus dieser Problemsituation heraus gekommen bin, doch plötzlich, im Juni 1992, erfolgte dann die lang ersehnte Entlassung. Wiederum wurde ich von dem damals für mich zuständigen, behandelnden Arzt, den ich wohl mein gesamtes Leben in schlechter Erinnerung behalten werde, kurz vor der Entlassung im Schnellverfahren auf vorbeugende, Stimmung stabilisierende Medikamente eingestellt. Doch wie auch schon im Jahr 1990 setzte ich diese Medikation einige Wochen nach der Entlassung aus der Klinik eigenmächtig ab.

Es begann nun eine Zeitphase so genannter „Wiedereingliederungsmaßnahmen", unterstützt vom Arbeitsamt, wie zum Beispiel diverse Praktika. Unter anderem arbeitete ich ein halbes Jahr bei der Sparkasse, und anschließend ein weiteres halbes Jahr in einem Reisebüro in Freiburg. Schließlich, im September 1993, startete ich einen neuerlichen Versuch in derselben Privatschule in der Stadt Freiburg, die Reiseverkehrskaufleute ausbildet. Diesmal schaffte ich annähernd das gesamte theoretische Schuljahr, und fühlte mich insgesamt recht wohl, ja zufrieden und lebenslustig. Im April 1994 absolvierte ich erfolgreich eine Ortskundeprüfung, durch die ich Inhaber eines Taxi-Beförderungsscheines für die Region Freiburg wurde. So begann ich neben der Schule, an den Wochenenden in Nachtschichten bei einem Taxiunternehmen zu arbeiten. Körperlich fühlte ich mich in einem ungewohnt guten und ausdauernden Zustand, so war in der Folgezeit wiederum ein ziemlicher Schlafmangel zu verzeichnen, was letztlich bestimmt mit dazu beigetragen hatte, dass drei Monate später, im August 1994, abermals eine neue bipolare Episode ausgelöst wurde.

Abermals eine Manie

Zu Beginn des stationären Aufenthaltes in der Emmendinger Psychiatrie im August 1994 wurden mir erneut zunächst einmal hoch dosierte Psychopharmaka zur Beruhigung verabreicht. Abermals verursachten die Nebenwirkungen jener verabreichten Medikamente ein sehr hohes Schlafbedürfnis, und führten zu körperlicher Schwäche und völliger Erschöpfung. Zwar waren im Vergleich zur Klinikbehandlung des Jahres 1992 oberflächlich betrachtet keine großen Unterschiede festzustellen, doch dieses Mal schienen die behandelnden Ärzte zumindest ein wenig sorgsamer mit der Auswahl der Medikamente vorzugehen. Dennoch ließ ich mich aufgrund der schlechten Erfahrungen, die ich noch zwei Jahre zuvor mit dem damals behandelnden Arzt in diesem Krankenhaus gemacht hatte, zwischenzeitlich in die Psychiatrie nach Freiburg verlegen. Doch auch hier verging wiederum eine sehr lange Zeit, bis die Medikation reduziert werden konnte. Die Entlassung aus der Freiburger Klinik erfolgte dann schließlich nach insgesamt mehr als sechs Monaten des stationären Aufenthaltes im März 1995.

Unmittelbar nach der Entlassung wurde per Entschluss des Arbeitsamts entschieden, dass ich an einer Maßnahme in einer „Ganztags-Rehabilitations-Werkstatt" für psychisch Behinderte teilnehmen solle. Ich nahm zunächst einmal, verunsichert durch die zuvor aufgetretenen Krankheitsphasen, sowie meine bisher gescheiterten Absetzversuche der Stimmung stabilisierenden Medikamente, meine verordneten Arzneimittel regelmäßig ein, und begann im Mai 1995 mit der Beschäftigungsmaßnahme in der Werkstatt. Meine Grundstimmung war zu jener Zeit etwas gedämpft, und mein Antrieb gerade mal in dem Mindestmaß vorhanden, damit die stupide, eintönige Arbeit in der Werkstatt überhaupt verrichtet werden konnte. Ansonsten war diese Phase geprägt von einigen melancholischen Momenten. Ich spürte, dass ich inmitten des gesamten Umfeldes dieser Werkstatt, und besonders durch die damit verbundenen ängstlichen Gedanken hinsichtlich meiner gesamten Zukunft sehr verunsichert war, und suchte verzweifelt nach einer Lösung, wie ich mich aus dieser doch etwas beklemmenden sowie Besorgnis erregenden Lage befreien konnte. Etwa fünf Monate nach der Entlassung aus der Klinik, im August 1995, schmiedete ich konkrete Pläne für einen Beginn des Studiums der Touristik in München, und setzte gleichzeitig erneut meine verordnete, vorbeugende Medikation ab.

Das Studium in München begann im Oktober 1995, doch besuchte ich nicht einmal eine einzige der Vorlesungen. Vielmehr verlebte ich zwei Monate in meinem kleinen Studentenzimmer, und fiel Tag um Tag immer tiefer in eine schwere depressive Verstimmung. Auch meine Freunde, die mich schließlich im November 1995 wieder zurück in meine „Wahlheimat" nach Freiburg zurück brachten, nachdem ich per Telefonat darum bat, konnten meinen weiteren Absturz in meine dunkle, düstere Gefühlswelt, ohne Hoffnung auf Besserung, nicht mehr bremen, und letztendlich auch nicht meine Eltern, bei denen ich noch unmittelbar vor dem darauf folgenden Krankenhausaufenthalt Unterschlupf suchte. Die Depression war nicht mehr aufzuhalten, und als sich auch noch stark suizidale Gedanken in meinem Kopf festsetzten, war eine Zwangseinweisung in eine psychiatrische Klinik im April 1996 unumgänglich.

Die zweite Depression

Sofort nach Einweisung in die Freiburger Klinik begannen die behandelnden Ärzte mit der Verabreichung von Psychopharmaka, die zunächst der Beruhigung dienen sollten. Außerdem kamen nun vor allen Dingen auch gezielte „Antidepressiva" zum Einsatz. Meine anfänglich schwere Depression, die zunächst auch noch vereinzelt von Suizidgedanken begleitet war, besserte sich schon innerhalb weniger Wochen zunehmend. Begünstigend kam hinzu, dass ich im Juni 1996, während des Klinikaufenthaltes, meine damalige Frau kennen lernte, mit der ich heute einen gemeinsamen Sohn habe. Wir verliebten uns, und zogen kurze Zeit nach meiner Entlassung im August 1996 zusammen in eine Drei-Zimmer-Wohnung. Schnell setzte ich meine verordneten Medikamente wieder ab, und genoss meine Verliebtheit, und die scheinbar kontrollierte „Hochstimmung", die inzwischen zur vollen Entfaltung gekommen war. Meine damalige Frau, mit der ich bis zur Trennung im Oktober 1999 in einem Vorort von Freiburg lebte, und wo auch mein Sohn seine ersten beiden Lebensjahre verbrachte, arbeitete zu jener Zeit ganztags in einer Bank. Auch ich versuchte, beruflich wieder auf die Füße zu kommen, jedoch brach ich abermals eine im September 1996 begonnene Ausbildung in einem kleinen Reisebüro nach kurzer Zeit ab, und arbeitete dann ab Dezember 1996 als Kassierer in einem Drogerie-Markt. Meine Partnerin und ich hatten eine glückliche Zeit, und es schien so, als könnte Nichts unser Glück aufhalten. Zwar kam für uns im April 1997 die Aussage des Frauenarztes schon ein wenig überraschend, dass meine Partnerin schwanger sei, doch war die Vorfreude über unser gemeinsames Kind von Beginn an sehr groß. Im Sommer 1997 nahm ich einen Jobwechsel vor, und arbeitete noch bis zur Geburt meines Sohnes fünf weitere Monate als Lebensmittel-Lieferant.

Als mein Sohn im November 1997 geboren wurde, freuten sich meine Partnerin und ich überschwänglich. Ich begann sofort, mich auf die Rolle des „Vollzeit-Hausmannes" zu konzentrieren, während meine Frau nach einer kurzen Ruhephase, unmittelbar nach der Geburt, wieder zur Arbeit ging. Diese Rollenverteilung hatten wir schon Monate zuvor vereinbart, und unsere Gesamtsituation ließ auch kaum eine andere Wahl übrig. Sicher war es insbesondere für mich eine vollkommen neue Situation, mit der ich mich da auseinander zu setzen hatte. Doch wuchs ich schnell in die mir gestellten Aufgaben hinein, und kümmerte mich um meinen kleinen Sohn, so gut ich es konnte. Ich „ging richtig auf" in meiner Vaterrolle, und hatte neben der Verantwortung und Sorgfaltspflicht auch viel Spaß. Im Juni 1998, als mein Sohn sieben Monate alt war, verbrachte ich mit meiner kleinen Familie einen gemeinsamen Urlaub in Spanien. Jedoch nur wenige Wochen im Anschluss an die Heimreise kippte plötzlich und überraschend mein Gesundheitszustand. Abermals überkamen mich extrem krankhafte, psychotische Gedanken, und schließlich war es meine Partnerin, die mich dann im August 1988 in die psychiatrische Klinik in Emmendingen einweisen lassen musste, indem sie spontan telefonisch die Polizei verständigte.

Die zerstörerische Kraft der Manie

Abermals erfolgte zunächst eine Akutbehandlung auf der Aufnahmestation der psychiatrischen Klinik mit starken Psychopharmaka, und wieder vergingen mehrere Wochen, bis sich eine Besserung des Gesundheitszustandes einstellte. Fraglos war dies eine besonders schwere Phase. Nicht nur für mich, sondern insbesondere auch für meine Partnerin, und auch für meinen Sohn, dem plötzlich über einen längeren Zeitraum der vertraute Vater weggenommen wurde. Im Dezember 1998 erfolgte die Klinikentlassung, doch von nun an war in unserer kleinen Familie nichts mehr so, wie es einmal vorher war, auch wenn es oberflächlich zunächst noch in größten Teilen den Anschein hatte. Zwar kümmerte ich mich weiterhin fürsorglich um meinen kleinen Sohn, der mittlerweile seinen 1. Geburtstag gefeiert hatte, und ebenso bewältigte ich wie bisher weitgehend routiniert die anstehenden Tätigkeiten als „Hausmann", jedoch schlichen sich immer wieder leicht verstimmte, melancholische Momente in meine Gedanken und somit in das gemeinsame Familienleben ein. Die gerade erst vorüber gegangene Erkrankungsphase hatte nicht nur mir, sondern auch der Partnerschaft einen gehörigen „Dämpfer" versetzt, und von einem unbeschwerten Glück konnte keine Rede mehr sein.

Schließlich setzte ich im Juli 1999 wiederum meine Medikamente ab, was in dieser Situation bestimmt ein Indiz dafür gewesen sein könnte, dass sich meine Partnerin immer mehr von mir abwendete, einen neuen Lebenspartner suchte, und sich dann schließlich im Oktober 1999 von mir trennte. Unmittelbar nach dieser überraschenden, doch vielmehr schockierenden Nachricht suchte ich mir zunächst eine kleine Wohnung, während meine ehemalige Partnerin mit ihrem neuen Freund in dessen Wohnung zog. Nach einigen Wochen, die von tiefer Traurigkeit und seelischem Schmerz geprägt waren, fasste ich dennoch recht schnell neuen Lebensmut, und begann wieder stundenweise als Kassierer in einem Drogerie-Markt zu jobben. Zudem war mein Sohn etwa zwei bis drei Tage pro Woche bei mir zu Hause in meiner neuen, kleinen Wohnung in Freiburg, meist auch zur Übernachtung. Trotz meiner bewussten Anstrengung, mit allen mir zur Verfügung stehenden Kräften ein einigermaßen normales, stabiles Leben aufrecht zu erhalten, driftete ich dennoch schleichend wieder in eine krankhafte Phase, die ich immer weniger zu kontrollieren vermochte. Eine spontane Zugreise in den Norden des Landes endete vorübergehend in der Psychiatrie „Ochsenzoll" in Hamburg, aus der ich jedoch schon einen Tag nach der dortigen Einweisung flüchten, und kurz darauf noch eigenmächtig die Rückfahrt antreten konnte. Wieder zu Hause in Freiburg angekommen, wurde ich schließlich in einem hoch manischen Krankheitszustand von einem Familienmitglied meiner damaligen Frau in die Psychiatrie gebracht. Erstmals ergab sich im April 2000 hier die Situation, dass mir eine Person meines nahe stehenden Umfeldes verbal begreiflich machen konnte, dass ich mich in akuter Gefahr befinde, und so letztlich eine wichtige Maßnahme ergreifen konnte, ohne dass eine Zwangseinweisung per Krankenwagen oder die Polizei erfolgen musste.

Die sechste Manie

Die Prozedur unmittelbar nach einer jeweiligen stationären Klinikeinweisung gestaltete sich oft ziemlich ähnlich. Zunächst wurde ich „ruhig gestellt", oder wie ich insbesondere hinsichtlich der manischen Akutphasen zu sagen pflegte, dick in „Watte gepackt". Dafür steht den behandelnden Ärzten ja eine Vielzahl unterschiedlicher und höchst wirksamer Psychopharmaka zur Verfügung. Wiederum erfolgte ab April 2000 ein sehr langer Klinikaufenthalt in der Psychiatrie Freiburg, jedoch waren die Behandlungsmethoden, und insbesondere die Nebenwirkungen der Medikamente bei weitem nicht so gravierend, wie beispielsweise noch im Vergleich zu den Klinikaufenthalten der Jahre 1992 und 1994. Im Verlauf des diesmaligen stationären Aufenthalts wurde mittels einer richterlichen Verfügung des Vormundschaftsgerichts Freiburg ein gesetzlicher Betreuer für mich bestellt. Noch während des Klinikaufenthaltes nahm ich Kontakt mit dem Arbeitsamt auf, und informierte mich über eventuelle Möglichkeiten einer beruflichen Wiedereingliederung. Im Oktober 2000 erfolgte dann die Entlassung aus der Klinik.

Zunächst hatte ich mir dieses Mal mit aller Eindeutigkeit zum Ziel gesetzt, meine Medikamente ohne wenn und aber dauerhaft einzunehmen, auch wenn sich meine grundsätzliche Einstellung weiterhin gegen eine dauerhafte Behandlung mit Medikamenten richtete. Ab November 2000 begann schließlich eine vom Arbeitsamt genehmigte und begleitete Maßnahme der beruflichen „Wiedereingliederung". Ich arbeitete daraufhin sechs

Stunden täglich in der Gewerbebehörde des Amts für öffentliche Ordnung der Stadt Freiburg. Die Bürotätigkeit ging mir recht leicht von der Hand, und zudem war der Verdienst im Vergleich zu meinen bisherigen Arbeitsverhältnissen sehr zufrieden stellend. Ich war erleichtert und froh, mir wieder ein kleines berufliches Standbein geschaffen zu haben, auch wenn es sich hier zunächst um einen einjährigen Zeitvertrag handelte, welcher später jedoch um zwei weitere Jahre verlängert werden sollte. Zwar ließ das Betriebsklima des Bürokomplexes ein wenig zu wünschen übrig, doch lernte ich während des Verlaufs meiner Tätigkeit einige Arbeitskollegen und Vorgesetzte kennen, die sich trotz des Wissens über meine bipolare Erkrankung sehr kollegial mir gegenüber verhielten.

Nachdem ich etwa einen Monat in der Behörde gearbeitet hatte, begegnete ich eines Nachmittags auf der Busfahrt von der Arbeit nach Hause einer aus Kolumbien stammenden Frau. Ich verliebte mich, und es begann schließlich eine kurze Beziehung, die sich aber im Verlaufe der nächsten Monate zu einem heftigen „Trauma" entwickelte. Zeitweise lebte diese Frau in meiner kleinen Ein-Zimmer-Wohnung, doch dann war Sie plötzlich bei Ihrer Schwester in Spanien, meldete sich über mehrere Wochen nicht, und plötzlich stand Sie im Juni 2001 wieder vor meiner Tür. Dieser Mischzustand aus Verliebtheitsgefühl und Verzweiflung zog mich dann im Herbst des Jahres 2001, als diese Frau plötzlich, ohne ein Wort zu sagen, erneut nach Spanien verreiste, in ein immer stärker aufkommendes Gefühlschaos. Vereinzelt erhielt ich noch weitere Telefonanrufe, in denen auf ihre baldige Rückkehr hingewiesen wurde, was sich schließlich jedoch nicht bestätigte. Mein seelischer Zustand verschlechterte sich täglich zunehmend, und dennoch setzte ich in dieser Phase abermals meine Medikamente ab, welche ich bis zu jenem

Zeitpunkt regelmäßig eingenommen hatte. Ich glitt darauf hin mehr und mehr in eine tiefe depressive Stimmung, zog mich immer mehr zurück, und ließ mich dann, in Absprache mit meinem Betreuer, auch bei meinem Arbeitgeber krankschreiben. Die depressiven Symptome verstärkten sich jedoch unaufhaltsam. Zusätzlich musste in dieser schwierigen Phase im November 2001 noch ein ganz anderes, wohnungstechnisches Problem gelöst werden, doch dank der Hilfe meines Betreuers konnte ich noch vor dem bevorstehenden Klinikaufenthalt eine neue Wohnung in Freiburg beziehen. Schließlich passierte zum ersten Mal in meiner gesamten Krankheitsgeschichte, dass ich aus eigenmächtigem Antrieb und Selbstschutz telefonischen Kontakt mit einem Stationsarzt der Freiburger Psychiatrie aufnahm, daraufhin sofort meinen Koffer packte, und mich schließlich eigenverantwortlich im Januar 2002 freiwillig in die Psychiatrie einwies.

Erneut eine Depression

Während der ersten zwei Wochen auf der geschlossenen Station der Psychiatrie Freiburg im Januar 2002 wurde ich mit starken Antidepressiva behandelt, und schließlich auf die offene Station überstellt, woraufhin ich plötzlich in einen unerwarteten, manischen Krankheitszustand wechselte. Anschließend flüchtete ich von dieser Station, doch wenige Tage später ergriff mich die Polizei auf der Domplatte in Köln, und noch am selben Tag wurde ich per Krankenwagen wieder zurück auf die geschlossene Station der Freiburger Klinik gebracht. Hier wurde jetzt meine Manie behandelt, die durch einen so genannten „Switch" aus der zuvor noch festgestellten Depression ausgelöst wurde. Mittels abermals hoch dosierter, und insbesondere einer präzisen Verordnung zwischenzeitlich neu erforschter Psychopharmaka, deren Nebenwirkungen überraschend erträglich waren, konnte ich im Verlaufe der kommenden Wochen langsam von meinen manischen Symptomen befreit werden. Im Mai 2002 wurde ich schließlich aus der Klinik entlassen, nach einem viermonatigen Klinikaufenthalt. Nach einer zweiwöchigen Einarbeitungszeit konnte ich die Arbeit in der Gewerbebehörde der Stadt Freiburg nach Absprache mit dem Chef der Behörde bis zum Vertragsende im Januar 2003 fortsetzen. Wie auch schon vor der letzten Erkrankungsphase bewältigte ich die Arbeit mit ziemlicher Leichtigkeit, dennoch arbeitete ich unter einer besonderen Belastung, da inzwischen nahezu alle meiner Arbeitskollegen über den Vorfall meiner Erkrankung informiert waren, und dieser Tatbestand in manch einer Situation auch zu spüren war. Meinen

Sohn konnte ich in regelmäßigen Abständen sehen, was in der aktuellen Lebensphase, neben meiner eigenen Gesundheit, das Wichtigste überhaupt für mich war, und glücklicherweise gestaltete sich der Umgang mit der Mutter meines Sohnes auch über die gesamte Zeit hinweg respektvoll und harmonisch, ja geradezu freundschaftlich.

Im Oktober 2002 fand ich zufällig in meinen Unterlagen die Adresse einer in Paris lebenden Französin, die ich im Oktober 1999 flüchtig in einem Freiburger Café kennen gelernt hatte, unmittelbar nachdem sich meine damalige Frau von mir trennte. Sofort schrieb ich dieser Frau einen ersten Brief. Nachdem ich eine sympathische Rückantwort erhalten hatte, verfasste ich einige weitere Briefe, mit teilweise auch sachten Andeutungen über meine psychische Erkrankung. Schließlich entschied sich diese Frau im November 2002, mich in Freiburg zu besuchen. So entwickelte sich schließlich zu ihr eine vertrauensvolle und sehr liebevolle Fernbeziehung. Dass zu Beginn des Jahres 2003 mein Arbeitsvertrag endete, war in der momentanen Phase nicht besonders entscheidend, doch vor allen Dingen war ich stolz, einmal eine längere Zeitspanne trotz der zwischendurch aufgetretenen Erkrankungsphase bei ein und dem selben Arbeitgeber durch gestanden zu haben. Erstmals in meiner gesamten Verlaufsgeschichte wollte ich mich nun hoch motiviert, diszipliniert, sowie krankheitseinsichtig auf eine Vermeidung weiterer manischer oder depressiver Rückschläge konzentrieren, auch hinsichtlich der Medikamenteneinnahme. Die Thematik bezüglich einer Arbeitssuche wurde zunächst einmal bewusst und konsequent unterdrückt, ja fast zur Nebensache degradiert. Wichtig war mir vor allen Dingen, mich auf das Ziel des Erhalts meiner seelischen Gesundheit und Ausgeglichenheit zu beschränken. Dennoch kam es im September 2003 wiederum zu einem eher plötzlichen, krankhaft manischen Rückfall, nachdem ich mit einem Nachtzug eine schon wochenlang zuvor geplante Reise zu einem medizinischen Kongress für bipolar erkrankte Menschen in Berlin antrat. Während der gesamten, 10-stündigen Nachtfahrt im Zug konnte ich nicht schlafen, und unmittelbar nach der morgendlichen Ankunft am Berliner Bahnhof schlichen sich plötzlich psychotische, wahnhafte Gedanken in meinen Kopf. Zwar gelang es mir, wenige Tage später die Heimreise anzutreten, jedoch hatte ich natürlich inzwischen, trotz der guten Vorsätze, längst meine Medikation wieder abgesetzt. Meine Freundin hatte ich seit Beginn unserer Beziehung über meine Erkrankung umfangreich informiert. Zu Beginn unserer Beziehung stellte sich heraus, dass selbst der Vater meiner Freundin an Depressionen erkrankt war, und sogar ihre jüngere Schwester einmal eine manische Erkrankungsphase erlitten hatte. Trotz dieser eigenen, indirekten Erfahrungen, die meine Freundin innerhalb ihrer eigenen Familie gesammelt hatte, war sie in dieser aktuellen Situation vollkommen machtlos, denn von nun an meldete ich mich auch telefonisch nicht mehr bei ihr. Von meiner Wohnung in Freiburg aus trat ich dann abermals mehrere Zugreisen in diverse Städte in Deutschland an, und kam nur sporadisch bei mir zu Hause vorbei. Mein gesetzlich bestellter Betreuer, der während mehrerer Wochen vergeblich versucht hatte, mich ausfindig zu machen, traf schließlich erst drei Monate nach meiner Berlinreise, im Dezember 2003, die Entscheidung, die Polizei auf die Suche nach mir anzusetzen. Darauf hin erfolgte letztlich eine erneute Zwangseinweisung in die psychiatrische Klinik in Emmendingen.

Überrollt von einer weiteren Manie – Auswirkungen auf die Lebenseinstellung

Wieder einmal verbrachte ich eine längere Zeit auf der geschlossenen Station der Psychiatrie in Emmendingen. Die übliche Prozedur erwartete mich, insbesondere im Hinblick auf die Verabreichung von hoch dosierten Psychopharmaka, sowie deren Nebenwirkungen. Dieses Mal schien mein behandelnder Facharzt des Krankenhauses jedoch eine gute Medikamentenwahl getroffen zu haben, denn vergleichsweise zu all meinen bisherigen stationären Klinikaufenthalten konnte ich diesmal schon innerhalb von etwas mehr als fünf Wochen aus meiner akuten Manie befreit werden. Meine Lebenspartnerin erkundigte sich zwischenzeitlich regelmäßig telefonisch über meinen aktuellen Gesundheitszustand, und kam erstmals im Februar 2004 zu Besuch ins Krankenhaus. Schließlich, nach etwa drei Monaten des stationären Aufenthaltes, konnte ich im März 2004, befreit von den manischen Symptomen aus der Psychiatrie entlassen werden. Jenes Datum bedeutete zugleich der Beginn einer viereinhalb Jahre andauernden Lebensabschnittsphase, welche ich ohne jeglichen Klinikaufenthalt erleben durfte, wobei zweifellos die Liebe und die tatkräftige Hilfeleistung meiner Freundin, der Rückhalt meines Sohnes, die vertrauensvolle Unterstützung meines Freundeskreises, und gewiss auch die Medikamente einen großen Beitrag leisteten. In jener Phase hatte ich nahezu nur noch einen einzigen, geradezu egoistischen Wunsch - ein möglichst dauerhafter Erhalt meiner psychischen Stabilität. Doch, leider muss hier zunächst noch ein weiteres Kapitel geschrieben werden.

Die Manie zeigt sich unbeeindruckt von einer längeren stabilen Lebensphase

Zwischen den Jahren 2004 und 2008 ereignete sich eine viereinhalb Jahre dauernde, psychisch stabile und ausgeglichene Lebensabschnittsphase, eine im Rückblick auf meinen gesamten Krankheitsverlauf verhältnismäßig lange Dauer, die in diesem komfortablen Ausmaß seit Ausbruch der bipolaren Erkrankung im Oktober 1987 bisher nie erreicht worden ist. Bestimmt hat eine Vielzahl begünstigender Faktoren einen wichtigen Einfluss auf solch eine positive Entwicklung meines Werdegangs gehabt, doch würde ich in diesem Bezug nicht behaupten wollen, dass ganz spezielle und konkrete Ereignisse und Lebensmomente eine entscheidende Wirkung auf meine psychische Stabilität ausgeübt hätten. Eher schon sind die vielen verschiedenen Situationen und Umstände dieses Lebensabschnitts zusammen gefasst in deren Gesamtheit hauptursächlich für mein Wohlbefinden, meine Zufriedenheit, oder meine Ausgeglichenheit, und letztendlich insbesondere die Umsetzung einer neuartigen, veränderten Lebenseinstellung gewesen. Meine Lebenspartnerin hielt weiter vertrauensvoll zu mir, und so konnten wir eine harmonische und liebevolle Fernbeziehung zwischen Freiburg und Paris fortsetzen, die uns einerseits immer wieder genügend Freiräume ließ, und andererseits auch beiden Partnern ermöglichte, in regelmäßigen Abständen einen geografischen „Tapetenwechsel" vorzunehmen.

Ende des Jahres 2007 widmete ich mich schließlich einem neuen weiteren Hobby, und begann mit dem Malen zunächst großflächiger, abstrakter Acrylbilder. In den darauf folgenden Monaten kreierte ich zahlreiche Bildkompositionen, und schließlich entstand die Idee der Durchführung einer kleinen Ausstellung. Schon während meiner damaligen, stationären Aufenthalte in der Emmendinger Psychiatrie betrachtete ich immer wieder die verschiedenen Ausstellungen im Caféhaus des Krankenhausgeländes, und so erkundigte ich mich im Sommer 2008 bei der verantwortlichen Person des Caféhauses nach einer eventuellen Möglichkeit einer Präsentation mit meinen Bildern. Prompt bekam ich einen ersten Gesprächstermin, stellte daraufhin eine kleine Fotomappe zusammen, und erwartete mit großer Spannung, ob meine „Bewerbung" mit Erfolg gekrönt werden würde. Schon drei Stunden vor der Terminvereinbarung traf ich in Emmendingen ein, und schließlich gab mir die Organisatorin des Caféhauses überraschend eine eindeutige Zusage für die Durchführung meiner ersten Ausstellung. Als Zeitpunkt gab sie den Monat Februar 2009 an. Mit Tränen in den Augen, und hoch emotional gerührt, fuhr ich wieder nach Hause in meine Freiburger Wohnung.

Im August 2008 stellte mir mein damaliger Psychiater die letzte von insgesamt zwölf „Unbedenklichkeitsbescheinigungen" aus, die ich während der vergangenen drei Jahre an die Führerscheinstelle des Amts für öffentliche Ordnung weiter zu leiten hatte, damit ich meine im Jahr 2005 neu beantragte Fahrerlaubnis zurück bekam, nachdem mein Führerschein zuvor aufgrund meiner Krankheit vorläufig eingezogen worden war. Sicherlich war diese lang anhaltende Prozedur mit den ausgestellten Bescheinigungen des Psychiaters ein ständiger Stressfaktor, der nun zu den „Akten" gelegt werden konnte. Ende August 2008 lud mich meine Freundin zu einer dreiwöchigen Reise auf die französische Insel „La Reunion" im indischen Ozean ein. Diese Möglichkeit meines ersten Langstreckenflugs ergab sich insbesondere aufgrund der Tatsache, dass meine Lebenspartnerin über einen längeren Zeitraum auf dieser Insel eine vorübergehende Arbeitsstelle erhielt, die Sie nicht abschlagen wollte. Hinsichtlich der Reise sah ich im Vorfeld keinerlei Gefahr auf mich zukommen, jedoch schon während des nächtlichen, 12-stündigen Hinflugs stellten sich langsam und schleichend plötzlich wieder erste, leicht manische Symptome ein, die ich im Verlaufe des Aufenthalts auf „La Reunion" vollkommen ignorierte. Zurück in Freiburg, nahm ein mir sehr nahe stehender Freund meine immer ausgeprägter werdende, psychotisch-manischen Anzeichen sorgenvoll zur Kenntnis, und wies mich auf die Symptome ausdrücklich hin, jedoch reagierte ich darauf abweisend und verbal aggressiv. Mein Freund nahm hierauf sofort Kontakt zu meinem Betreuer, sowie meiner Partnerin auf. Auch entschied inzwischen mein damals ambulant behandelnder Arzt, der ebenso von meinem Freund bezüglich seiner Einschätzung zu meinem aktuellen Krankheitszustand informiert wurde, nun engmaschigere Termine mit mir zu vereinbaren. Doch längst hatte ich wieder meine Medikation eigenmächtig abgesetzt, und meine Manie entwickelte sich unaufhaltsam weiter. Vor jedem Termin beim Arzt nahm ich kurzzeitig eine dreifache Dosis der Stimmung stabilisierenden Psychopharmaka ein, und so war hinsichtlich der nach wie vor regelmäßig durchgeführten Bestimmung meiner Blutwerte nicht eindeutig feststellbar, ob ich nun wirklich meine Medikamente eingenommen hatte. In meiner Wohnung stapelten sich die Müllberge, und es sah dort immer chaotischer aus, doch mein Betreuer, der mich regelmäßig zu Hause besuche, sah keine Veranlassung, mich in eine Klinik einweisen zu lassen. Auch meine Lebenspartnerin versuchte noch, mich in regelmäßigen Abständen in Freiburg aufzusuchen, doch jedes Mal, wenn Sie verzweifelt und sorgenvoll an meiner Tür klingelte, wies ich Sie schroff mit aggressiven Worten ab. So setzte sich meine akut krankhaft manische Phase über einen Zeitraum von etwa fünf Monaten fort, bis mich letztendlich doch mein Betreuer in die Ambulanz der Klinik Freiburg begleitete. Von dort erfolgte eine direkte Überweisung in die Psychiatrie Emmendingen, welcher ich letztlich ohne jegliche Gegenwehr zustimmte. Zwischen Februar und März 2009 war ich erstmals über eine verhältnismäßig kurze Verweildauer im Emmendinger Krankenhaus, und ließ mich schließlich „entgegen ärztlichen Rat" nach fünf Wochen des stationären Aufenthalts aus der Klinik entlassen. Der behandelnde Arzt wollte zwar darauf bestehen, mich nach Abklingen meiner manischen Symptome noch ein paar weitere Wochen zu beobachten, jedoch spürte ich, dass ich mein Leben wieder ohne schützende Klinikmauern in die eigenen Hände nehmen kann. Schließlich fand im Mai 2009 meine erste Ausstellung im Caféhaus der Psychiatrie Emmendingen statt. Gemeinsam mit meiner Lebenspartnerin, meinem Sohn und seiner Mutter, meinem engen Freundeskreis, sowie auch meiner Mutter feierte ich meine erste Vernissage. Bis zum heutigen Tag entstanden einige hundert abstrakte Acrylbilder, und schließlich konnte ich im September 2010 dieses Buchprojekt zur Fertigstellung bringen.

Schützende und stützende Faktoren zur möglichen
Bewahrung der psychischen Stabilität

Krankheit als Lernprozess

Jeder bipolar Betroffene ist dazu aufgefordert, bewusst mit seiner Erkrankung umzugehen, und seinen Alltag so zu gestalten, damit bestenfalls eine dauerhaft psychische Ausgeglichenheit erreicht und erhalten werden kann. Diverse schützende und stützende Faktoren können hierbei von entscheidender Bedeutung sein, und mitunter bedarf es eines vielschichtigen und langwierigen Prozesses, dem der Betroffene beim Erkunden und Erlernen von Selbstschutzmechanismen unterliegt. Basierend auf der grundlegend notwendigen Voraussetzung einer Krankheitseinsicht des bipolar Betroffenen ergibt sich fast wie von selbst die Wichtigkeit, mittels aller zur Verfügung stehender Erkenntnisse des bisherigen Erkrankungsverlaufs möglichst weitere manische oder depressive Krankheitsschübe zu vermeiden.

Mit fortschreitender Verlaufsdauer der bipolaren Störung, und jeder einzelnen akuten Erkrankungsphase, die der Betroffene zu durchleiden hat, sammeln sich notgedrungen zahlreiche Erkenntnisse und Erfahrungswerte an, die es Schritt für Schritt zu erarbeiten gilt, um letztlich möglicherweise die Gefahr eines eventuellen krankhaften Rückfalles abwenden zu können. Ebenso, wie diverse Aufgaben des „normalen" Alltagslebens stets bewältigt, und dementsprechende Verhaltensweisen optimiert werden wollen, produziert die bipolare Erkrankung förmlich eine permanente Ausschüttung diverser, wichtiger Detailinformationen für den Betroffenen, die allesamt einer eigenmächtigen Analyse bedürfen. Erst durch die Registrierung solcher umfangreicher

Erkenntnisse ist es dem bipolar Erkrankten überhaupt möglich, eine unbedingt erforderliche Krankheitseinsicht zu entwickeln, und insbesondere besteht nur mittels dieser Informationen eine weit höhere Chance einer möglichen Verbesserung im allgemeinen Umgang, und einem eigenverantwortlichen Verhalten hinsichtlich dieser psychischen Krankheit.

In der Regel ist ein von der bipolaren Störung betroffener Mensch, solange er sich in einer psychisch stabilen und ausgeglichenen Lebensphase befindet, eigenständig für all sein Handeln und Tun verantwortlich. Erst ab dem Moment einer akut einsetzenden Erkrankungsphase, also wenn der Erkrankte eine Gefahr für sich selbst werden sollte, oder wenn eine Gefährdung anderer angezeigt ist, muss aufgrund dieser klar definierten, und mit Eindeutigkeit festgestellten Krankheits-symptome eine Unzurechnungsfähig des Betroffenen erklärt werden. Während des Verlaufs eines stationären Klinikaufenthalts kann dem Erkrankten im Einzelfall eine richterliche Betreuung auferlegt werden, die insbesondere auch über den Zeitraum der darauf folgenden, gesunden Lebensphase von Amts wegen ausgeweitet werden kann. Trotz diverser Einschränkungen, die der Erkrankte durch solch eine Betreuung erfährt, sollte er unbedingt weiterhin in bestmöglicher Selbständigkeit und Eigenverant-wortung seinen Alltag führen.

Die manisch-depressive Störung verursacht immer wieder neue Lebensprüfungen und Herausforderungen, welche mögli-cherweise im Einzelnen dem nicht psychisch Erkrankten erspart bleiben, jedoch ist der bipolar Betroffene gerade deshalb umso mehr aufgerufen, in Eigenverantwortung mit seiner Erkrankung umzugehen, und ein dringend nötiges Maß an Vertrauen in sich selbst und seine Stärken aufrecht zu erhalten. Das Leben mit der

Erkrankung, die Erinnerung an jede einzelne zerstörerische Akutphase, die allgemein stigmatisierende Grundhaltung der modernen Gesellschaft gegenüber psychisch kranken Menschen, sowie die Angst vor einer möglichen Rückfallgefahr, provoziert im Verlaufe der Zeit hin und wieder Phasen des völligen Erschöpft seins, sowie auch Gefühle eines ausgeprägten Misstrauens gegenüber Ärzten, Medikamenten, oder wissenschaftlichen Theorien hinsichtlich genetischer Ursachen, und vereinzelt mag es auch verzweifelte Momente geben, in denen man sich, obwohl sich gerade eine ausgeglichene Lebensphase ereignet, am liebsten „aufgeben" möchte. An jedem neuen Tag wird der bipolar Betroffene an seine Erkrankung erinnert, gleich ob er sich nun eine morgendliche Dosis Stimmung stabilisierender Medikamente verabreicht, oder, ob er ohne jegliche Medikation seinen Alltag bestreitet. Die Krankheit ist in den Gedanken stets präsent, und es gelingt dem Betroffenen kaum, sein Denkverhalten in dem Maße zu steuern, dass sein immer wieder latent und kurzzeitig aufblitzendes Bewusstsein über die Existenz seiner bipolaren Störung längerfristig unterdrückt werden kann.

Der bipolar Erkrankte hat letztlich nur eine einzige Wahl. Er muss kämpfen, und jeden Tag versuchen, seine Krankheit mit allen ihm verfügbaren Mitteln in die Knie zu zwingen. An der manisch-depressiven Störung gibt es, machen wir „Bipolaren" uns nichts vor, keinen einzigen positiven Aspekt, doch haben wir die Möglichkeit, mit dieser Krankheit zu wachsen und zu reifen, und eine Fülle wichtiger und prägender Lebenserfahrungen zu sammeln. Und bestenfalls werden wir auch zu der Feststellung gelangen, welch bereichernde und wertvolle Menschen wir sind.

Medikamente - Segen oder Fluch?

Nach weit über 20 Jahren Selbsterfahrung mit der bipolaren Störung, einer umfangreichen, medikamentösen Akutbehandlung während diverser stationärer Langzeitklinikaufenthalte, und vor allen Dingen meiner mehrfach wiederholten, eigenmächtigen Absetzversuche der von ärztlicher Seite verordneten, Stimmung stabilisierenden Prophylaxe-Medikamente, hat sich inzwischen meine lange Zeit bestehende, ablehnende Haltung gegenüber der regelmäßigen, täglichen Einnahme von Tabletten grundlegend geändert. Lange Zeit konnte und wollte ich mich nicht mit dem Gedanken abfinden, dass mir eine Kombination chemisch hergestellter Pillen, die ich laut Aussage der Ärzte mein ganzes Leben schlucken sollte, wahrlich eine zusätzliche, sowie möglicherweise entscheidende Chance auf eine Bewahrung der psychischen Stabilität ermöglichen könnte. Schließlich hat erst während meiner letztmaligen Erkrankungsphase im Jahr 2009 ein Umdenkprozess stattgefunden, der mich nun aus voller Überzeugung die Behauptung aufstellen lässt, dass die disziplinierte Einnahme von Medikamenten, die zur Verringerung des Risikos weiterer manischer oder depressiver Krankheitsphasen eingesetzt werden, wohl zu einer der wichtigsten vorbeugenden Maßnahmen im Hinblick auf eine möglichst lang anhaltende, psychische Stabilität zu zählen ist. Zunächst möchte ich hier eine Unterteilung in dreierlei Gruppierungen von Medikamenten vornehmen, welche bei der akuten, sowie bei der vorbeugenden, eigenmächtigen Behandlung von bipolaren Erkrankungen, in Erwägung gezogen werden müssen.

Die erste Gruppierung umfasst den Rahmen der, wie ich sie oftmals böswillig nannte, „Hammer-Medikamente", oder auch „chemischen Keulen", die von Beginn eines stationären Klinikaufenthalts bei einer Manie des bipolar Betroffenen zum Einsatz kommen, um eine mitunter höchst psychotische „Hochphase" schnellstmöglich und wirkungsvoll abbremsen, und letztlich ausschalten zu können. In Erinnerung an vergangene, stationäre Klinikaufenthalte kommen mir noch Arzneimittelnamen wie „Haloperidol", „Clianimon", „Druxal" oder „Neurocil" in den Sinn, also hoch wirksame Psychopharmaka, deren Inhaltsstoffe eine sofortige Wirkung auf das zentrale Nervensystem haben, in dem sie unmittelbar nach Verabreichung den akut manischen Patienten in einen regelrechten „Dämmerzustand" versetzen, und seine „blank" liegenden Nerven dick in „Watte" packen. Als unerwünschten Begleiteffekt ergeben sich jedoch zumeist heftige Nebenwirkungen, die sich im überwiegenden Maß ermüdend und lähmend auf die Motorik des gesamten Organismus des Patienten auswirken. Mittels einer Kombination verschiedener Psychopharmaka kann schon innerhalb mehrerer Wochen den manischen Symptomen eines bipolar Betroffenen effizient entgegen gewirkt werden, doch muss der Patient zumeist über eine Dauer weiterer Wochen unter stationärer Beobachtung bleiben, bis nach Einschätzung des behandelnden Arztes die manischen Symptome des Patienten vollständig beseitigt sind. Gegebenenfalls müssen von ärztlicher Seite aus verschiedene Medikamente eingesetzt werden, oder auch Veränderungen der verabreichten Dosen vorgenommen werden, bis das Teilziel der stationären Therapie erreicht ist, nämlich, den an der Manie erkrankten Patienten auf einer psychisch stabilen Basis, und insbesondere im Einklang mit einer vorbeugenden, und für die Langzeitbehandlung bestimmten Medikation aus der stationären Obhut entlassen zu können.

Zu den Medikamenten der zweiten Rubrik zähle ich alle wirksamen Antidepressiva, die im Falle einer stationär behandelten Depression gleich zu Beginn des Klinikaufenthaltes zur Anwendung kommen, und mit deren Einsatz erreicht werden soll, dass der Patient rasch aus seinem dunklen, aussichtslos erscheinenden Gefühlsloch befreit, und wieder zu einer positiven, lebensbejahenden Denkweise gelangen kann. So wurden zur Behandlung meiner Depressionen beispielsweise Arzneimittel der Marken „Zoloft", „Aponal", „Saroten" oder „Trevilor" verabreicht. Auch diese hoch dosierten Antidepressiva haben abseits des eigentlichen Nutzens einen unerwünschten Effekt von Nebenwirkungen, welcher jedoch im Gegensatz zu den bei der Manie primär eingesetzten Psychopharmaka eher eine untergeordnete Rolle spielt, da hier die motorische Funktionalität des Organismus des Patienten weitgehend unbeeinflusst bleibt. Ebenso steht hier dem Psychiater ein umfangreiches Sortiment an Präparaten zur Verfügung, die hinsichtlich einer wirksamen Behandlung der depressiven Akutphase zum Einsatz kommen können. Bei der gezielten Wahl eines oder mehrerer antidepressiv wirkender Medikamente muss der zuständige Arzt insbesondere während der ersten Wochen der Behandlung sehr behutsam vorgehen, denn ist bei der Verabreichung von „Antidepressiva" im Einzelfall das Risiko eines „Switchs" des Patienten angezeigt, also ein plötzlicher Wechsel aus dem schwer depressiven Gemütszustand in eine akut manische Ausrichtung. Wie auch bei der Behandlung der manischen Symptome ist das Ziel des stationären Klinikaufenthalts erreicht, sobald der Patient vollständig von seinen depressiven Symptomen befreit werden konnte, und sich wieder in einem psychisch stabilen Gleichgewicht befindet. Wiederum kann er anschließend mit einer vorbeugend medikamentösen Langzeitbehandlung aus dem Krankenhaus entlassen werden.

Schließlich wende ich mich der dritten Medikamentengruppe zu. Neben den Psychopharmaka, die zumeist im Verlauf einer stationären Akutbehandlung krankhaft manischer oder depressiver Symptome zum Einsatz kommen, ist im Hinblick auf eine eigenverantwortliche, medikamentöse Langzeitbehandlung des bipolar Betroffenen eine weitere, umfangreiche Palette verschiedenster Medikamente von sehr großer Wichtigkeit. Hierbei handelt es sich um Stimmung stabilisierende Psychopharmaka, die bei disziplinierter, regelmäßiger und eigenmächtiger Verabreichung des Betroffenen das Risiko eines krankhaften Rückfalls minimieren, und somit die Chance der Bewahrung einer dauerhaft anhaltenden, psychischen Stabilität immens erhöhen können. Seit nunmehr einigen Jahren verabreiche ich mir täglich, morgens und abends, eine bestimmte Dosis zweier dieser Präparate, wobei in meinem konkreten Fall die Wirkstoffe „Lithiumcarbonat" und „Valproinsäure" zum Einsatz kommen. Die jeweiligen Produktmarken heißen „Quilonum retard" und „Orfiril long". Im allgemeinen handelt es sich hier um Psychopharmaka, die eine ausgleichende Wirkung auf die psychische Gesamtverfassung bewirken sollen. Es gibt zahlreiche, lang erprobte Medikamente dieser Art, Präparate neueren sowie auch älteren Zulassungsdatums, und immer wieder weist die medizinische Forschung weitere innovative Erfolge auf. Bei „Quilonum retard", „Orfiril long" und allen weiteren Präparaten, die bei bipolaren Störungen angewendet werden, handelt es sich hinsichtlich deren chemischer Zusammensetzungen um sehr unterschiedliche Medikamententypen, jedoch zielt jedes einzelne Arzneimittel darauf hin, eine Stimmung stabilisierende Wirkung des bipolar Betroffenen zu erreichen. Manche Medikamente sollen dabei eher die Gefahr einer Manie eindämmen, andere wiederum versprechen Erfolg bei der Prävention einer Depression. Lithium ist hier beispielhaft für ein schon seit sehr langer Zeit erforschtes

Präparat, welches zugleich gegen manische, sowie auch depressive Erkrankungsphasen gut wirksam sein soll. Schon bei meinem damaligen Klinikaufenthalt im Jahr 1990, als mir erstmals die „bipolare Störung" diagnostiziert wurde, kam Lithium als Dauermedikation zum Einsatz.

Mit Ausnahme meiner ersten depressiven Erkrankungsphase, und der darauf folgenden, erstmaligen Einweisung in ein psychiatrisches Krankenhaus im Jahr 1987, als von ärztlicher Seite noch keine eindeutige Diagnose festgestellt wurde, verordneten die behandelnden Ärzte während aller übrigen stationären Klinikaufenthalte zwischen den Jahren 1990 und 2009 stets eine medikamentöse Langzeittherapie, jedoch setzte ich ein ums andere Mal schon wenige Wochen oder Monate nach dem jeweiligen Entlassungsdatum die Medikation eigenmächtig ab. Vordergründig für mein immer wieder kehrendes, uneinsichtiges Verhalten war zunächst meine eindeutig ablehnende Haltung hinsichtlich einer dauerhaften, wohl lebenslangen Einnahme vorbeugender Psychopharmaka, sowie dem Bewusstsein über unangenehme Nebenwirkungen der verordneten Präparate, und nicht zuletzt auch die Angst, ich würde möglicherweise aufgrund der Dauereinnahme dieser chemischer Substanzen womöglich niemals wieder meine „wahren" Gefühle und Empfindungen verspüren können. Überhaupt war ein grundsätzliches Misstrauen gegenüber diesen Pillen vorhanden, denn vermutete ich zudem, dass sie möglicherweise keinerlei entscheidende Schutzfunktion gewährleisten könnten, falls sich wieder einmal eine plötzliche Notfallsituation zuspitzen würde.

Über eine geraume Zeit vertrat ich in Bezug auf die Frage des genetischen Aspekts bei der bipolaren Störung einen eigenen, persönlichen Standpunkt, der sich der Meinung der Medizin entgegen setzte. Mit der wissenschaftlichen Behauptung, dass manische oder depressive Erkrankungsphasen eines Menschen vor allem genetische Ursachen haben sollen, wollte ich mich auch nach mehreren Klinikaufenthalten, und den nach vielen Jahren hieraus gesammelten Erfahrungswerten nicht anfreunden. Die Idee einer seitens der Wissenschaft nett umschriebenen „Stoffwechselstörung" im Gehirn hielt ich noch bis Ende der 90er Jahre für eine unwahre Erfindung der Medizin, die meiner damaligen Einschätzung nach nur darauf hinzielen sollte, um dadurch eine Dauerbehandlung bipolar erkrankter Patienten mittels diverser Langzeitmedikamente rechtfertigen und untermauern zu können. Erst im Jahr 2000, während eines erneuten stationären Klinikaufenthalts, begann ich meine Ansichten über diese brisante Thematik in wesentlichen Zügen zu ändern, denn zeigten die inzwischen zahlreich gesammelten, langjährigen Erfahrungswerte hinsichtlich meiner mehrmaligen eigenmächtigen Absetzversuche der verordneten Medikation, und der daraus resultierenden, krankhaften Rückschläge, dass die Wahrscheinlichkeit einer vorbeugenden Schutzfunktion dieser Stimmung stabilisierenden Medikamente doch als sehr hoch eingestuft werden muss.

Offen gestanden habe ich mir trotz nahezu eindeutiger Indizien, die für eine dauerhafte Einnahme Stimmung stabilisierender Arzneimittel sprechen, auch bis zum heutigen Tag einen kleinen Rest meiner damaligen Abwehrhaltung gegenüber Psychopharmaka bewahrt. Zwar mögen offensichtlich diese Medikamente das Risiko eines krankhaften Rückfalls deutlich mindern, jedoch zeigt sich zugleich auch eine niederschmetternde Fülle an Nebenwirkungen, welche nicht unerheblich sind, insbesondere hinsichtlich des Antriebs, der Motivierungsfähigkeit, der gedanklichen Entfaltung, aber vor allen Dingen auch der körperlichen Energie und Ausdauer, oder auch in Bezug auf weitere körperliche Anzeichen, wie verstärkte Müdigkeit, Mundtrockenheit, Gangunsicherheit, oder ein feines Zittern des Körpers und der Hände, um ein paar Beispiele zu nennen. Die oftmals umfangreiche Auflistung der auf den Beipackzetteln angegebenen, diversen Nebenwirkungen macht es einem bipolar Betroffenen ganz bestimmt nicht wirklich leicht, ein „Freund" seiner Medikamente zu werden. Doch zwang mich im Verlaufe der Zeit meine Erkrankung gewissermaßen dazu, mehr und mehr eine Vertrauensbasis zu den Pillen aufzubauen, was mir aus meiner heutigen Sichtweise weitgehend gelungen zu sein scheint. Trotz meiner unterschwellig brodelnden, jedoch andererseits fast unerklärlichen Skepsis hinsichtlich der Einnahme Stimmung stabilisierender Medikamente habe ich mir spätestens seit meiner letzten Erkrankungsphase ein hohes Maß an Krankheitseinsicht zugelegt, und vor allen Dingen hierauf aufbauend mit größtmöglicher Disziplin, und zugleich einem positiven Gefühl einer gewissen Sicherheit, kontinuierlich meine Medikamente eingenommen, natürlich auch anlehnend an das Bewusstsein, dass ein eigenmächtiges Absetzen der Medikamente eine enorm hohe Rückfallgefahr bedeuten könnte.

Frühwarnzeichen und Selbstschutzmechanismen

Neben der medikamentösen Selbstbehandlung ist darüber hinaus von großer Bedeutung, dass der bipolar Betroffene eine Reihe zusätzlicher Schutzmechanismen entwickelt, die ihm ermöglichen können, schon kleinste Anfangszeichen, die auf ein Abdriften in eine Manie oder Depression hindeuten könnten, eigenmächtig abzufangen, oder bestenfalls gar nicht erst aufkommen zu lassen. Die tägliche Einnahme der Stimmung stabilisierenden Medikamente, sowie die Selbsterforschung und dauerhafte Prüfung diverser weiterer, vorbeugender Schutzmechanismen, fordert dem krankheitseinsichtigen, bipolar Erkrankten ein hohes Maß an Disziplin heraus. Ein Mangel an Struktur, Ordnung und genauer Selbstbeobachtung hinsichtlich der täglich zu bewältigenden Aufgaben kann unter Umständen auch unabhängig der medikamentösen Hilfe ein erhöhtes Risiko eines krankhaften Rückfalls provozieren. Jeder Betroffene ist dazu angehalten, individuell seine ihm persönlich wichtig erscheinenden Selbstschutzfunktionen und Frühwarnzeichen zu entdecken, und schließlich seinen Alltag danach zu orientieren und abzustimmen. Insbesondere auch das engere Umfeld eines bipolar Erkrankten sollte ein scharfsinniges Maß an Sensibilität entwickeln, um mögliche Frühwarnzeichen hinsichtlich eines beginnenden, krankhaften Schubs erkennen zu können. Ein kommunikativer Austausch konkreter Hinweise unter den nahe stehenden Menschen des Betroffenen können von äußerst großer Wichtigkeit sein, denn mittels solcher innerhalb des Umfeldes gegenseitig geprüften und bestätigten „Alarmsignale" könnte im eventuellen Ernstfall schnell und wirkungsvoll eine plötzliche Verschlechterung des Gesundheitszustandes eines Betroffenen eingedämmt, und bestenfalls sogar verhindert werden.

In Bezug auf die Merkmale manischer und depressiver Phasen sind es vor allen Dingen die Symptome der Manie, die von den Menschen des Umfeldes registriert, und als möglicherweise krankhaftes Verhalten des Betroffenen eingestuft werden können, wohingegen depressive Symptome weitaus schwieriger auszumachen sind, da der Betroffene im Allgemeinen eher dazu neigt, seine depressiven Gedanken nicht nach Außen hin spürbar werden zu lassen. Im Gegensatz zum Wahrnehmungsvermögen des Umfeldes registriert der bipolar Erkrankte jedoch zumeist ausschließlich nur die Frühwarnzeichen und Symptome einer beginnenden Depression, wohingegen Symptome einer Manie vom Betroffenen weitgehend fahrlässig ignoriert werden. Insbesondere schon im Hinblick auf leiseste Anzeichen, die sowohl auf eine manische, als auch eine depressive Erkrankungsphase deuten könnten, ist der Betroffene aufgefordert, mittels diverser erarbeiteter Verhaltensmethoden vorbeugende Selbstschutzmechanismen zu entwickeln, und diese in seinem Alltag zum Einsatz zu bringen.

Ein aus meiner Erfahrung wichtiges und mitunter durch genaue Selbstbeobachtung gut analysierbares Frühwarnzeichen bezieht sich auf eine plötzliche Veränderung im Schlafverhalten. Zu Beginn einer psychischen Destabilisierung in eine manische oder depressive Ausrichtung entsteht nahezu automatisch ein Bruch der üblichen Schlafgewohnheiten, vor allen Dingen hinsichtlich einer plötzlichen, extremen Reduzierung oder Ausweitung der üblichen Schlafdauer des bipolar Betroffenen. Durch eine intensive Beobachtung des „Schlaf-Wach-Rhythmus", beispielsweise mittels einer täglichen, kurzen Notiz über das Schlafverhalten, dem Vergleich der Schlafstunden und der Einschlafzeit, sowie der geschätzten Einschlafdauer, könnte eine schlagartig auftretende Veränderung rechtzeitig registriert, beobachtet, und insbesondere auch in Absprache mit dem behandelnden Facharzt, und nicht zuletzt mittels zusätzlicher, medikamentöser Hilfestellung und weiterer gezielter Maßnahmen wieder in die normal übliche und stabile Ordnung gebracht werden. Zwar deutet ein kurzfristiger Schlafmangel nicht sofort auf einen manischen Schub hin, und dem entsprechend ein Schlafüberhang nicht unbedingt auf eine depressive Phase, jedoch kann sich die Situation in kürzester Zeit dramatisch verschärfen, wenn sich diese Veränderungen des Schlaf-Wach-Rhythmus in einer „ungesunden" Kontinuität ausdehnen, und beispielsweise gleich mehrere Nächte hintereinander vollkommen ohne Schlaf, oder nur mit einer jeweils sehr kurzen Schlafdauer verbracht wurden, und, um den gegenteiligen Fall nicht unberücksichtigt zu lassen, wenn sich plötzlich während mehrerer Nächte und darüber hinaus auch tagsüber die gesamte Schlafdauer in einer weit über der normalerweise gewohnten Höhe bewegt. Natürlich ist das Schlafverhalten jedes Menschen generell verschieden, jedoch ist der bipolar Betroffene dazu angehalten, bezüglich seiner aktuellen, individuellen Lebenssituation selbst zu erspüren, welchen durchschnittlichen Stundenwert seines nächtlichen Schlafs er für sich als „gesund" erachtet.

Basierend auf einen stabilem Schlaf-Wach-Rhythmus ist die Achtsamkeit hinsichtlich einer ausgewogenen Tagesstruktur von sehr großer Wichtigkeit. Jeder neue Tag bringt neue Herausforderungen mit sich, jedoch ist am Ende eines jeden Tages nicht wirklich entscheidend, welche Quantität an einzelnen Aufgaben erzielt wurde, sondern ob die Ereignisse mit einer Zufriedenheit, und einem „gesunden" Mindestmaß an positivem Antrieb und Motivation bewerkstelligt werden konnten. Zahlreiche Faktoren im Alltag eines bipolar Betroffen können sich unter Umständen ungünstig auf das Schlafverhalten auswirken. Der bipolar Erkrankte ist aufgefordert, diverse „Stressoren" des täglichen Lebens so zu filtern, damit der Erhalt einer inneren Ruhe und seelischen Ausgewogenheit langfristig aufrecht erhalten, und somit auch ein „gesunder Schlaf" ermöglicht werden kann.

Innerhalb einer jeweiligen Tagesstruktur ist neben den motivierenden und Antrieb verleihenden Aspekten, welche einen wichtigen Beitrag hinsichtlich eines positiv gestimmten Allgemeinbefindens leisten, im Gegenzug darauf zu achten, dass immer wieder auftretende, unangenehme und Energie raubende Aspekte mittels individuell erlernter Verhaltensstrategien entkräftet und bewältigt werden können. Jene weiter führende Form eines Selbstschutzmechanismus zielt in seiner Gesamtheit auf den Begriff der allgemeinen Stressreduzierung hin. Diese belastenden Stressfaktoren des täglichen Lebens können auf verschiedenste Ursachen beruhen, etwa zwischenmenschliche Probleme innerhalb der eigenen Familie oder des gesamten sozialen Umfeldes, behördliche Auseinandersetzungen, finanzielle Engpässe, oder berufliche Schwierigkeiten, um ein paar Beispiele zu nennen. Nicht selten verleiten solche „Stressoren" das Gehirn zu immer wieder kehrenden Grübeleien, so dass unter ungünstigen Umständen die Gedanken in stark erhöhtem Maße kontinuierlich um den vorliegenden „Problemherd" kreisen, und zunehmend schwerfälliger werden. Hierbei ist die Gefahr gegeben, dass sich der Betroffene mehr und mehr in ein Kraft raubendes, gedanklich zermürbendes Gemisch aus Verzweiflung und Angst hinein bewegt. Zumeist jedoch sind diese „ungesunden" Gefühle auf ein mangelndes, oder aufgrund der gesamten Erkrankungsgeschichte zerrüttetes Vertrauen in die eigene Stärke, und das möglicherweise unterdrückte Selbstbewusstsein zurück zu führen. Strategien können dem Betroffenen dazu verhelfen, solche Ängste abzublocken. Wichtig dabei wäre, durch aufmerksame Selbstbeobachtung in unterschiedlichen Situationen zu erkennen, wo sich der Kern eines entstandenen Problems befindet, und zu versuchen, hierdurch die Spannung aus einer womöglich erdrückend empfunden Konfliktsituation heraus zu nehmen.

Ein zusätzliches, doch aus meiner persönlichen Erfahrung heraus nicht unerhebliches Frühwarnzeichen, stellt eine direkte Verbindung zur meinem Ein-Zimmer-Appartement her. Üblicherweise achte ich stets darauf, dass sich meine Wohnung in einem insgesamt ordentlichen und sauberen Zustand präsentiert. Sobald aber diese gewohnte Ordnung droht, plötzlich, aber mitunter auch langsam und schleichend in sich zusammen zu fallen, und im Verlaufe nur weniger Wochen ein kaum mehr zu kontrollierendes Chaos entstanden ist, stellt dies ein eindeutiges Warnsignal für eine mögliche neue Erkrankungsphase dar. Mittels eines simplen Schutzmechanismus kann solch einer Gefahr entgegen gewirkt werden, in dem ich immer wieder Besuch von Menschen meines engeren Umfeldes empfange. Diesbezüglich nimmt insbesondere auch mein Sohn, der regelmäßig zu mir nach Hause kommt, und dabei jede noch so geringfügige Veränderung innerhalb meiner vier Wände erkennt, selbst wenn auch nur ein neues Bild aufgehängt wurde, mir gegenüber eine spezielle und entscheidende Schutzfunktion ein.

Aufgrund möglicher Wechselwirkungen im Zusammenhang mit der Einnahme von Medikamenten möchte ich unbedingt noch das Thema Alkohol anführen. Hinsichtlich des Konsums alkoholischer Getränke muss jeder bipolar Betroffene seine individuelle Selbstschutzfunktion entwickeln, und dies auch unabhängig von seiner Medikation. Die Verträglichkeit von Alkohol ist bei jedem Menschen sehr unterschiedlich, doch bin ich persönlich sehr froh darüber, dass sich mein Alkoholkonsum in überschaubaren Grenzen, und darüber hinaus sehr geringen Mengen hält. Letztlich ist hier wohl vor allen Dingen entscheidend, dass der Betroffene einzuschätzen vermag, welche Folgen und Risiken durch verstärkten Alkoholkonsum entstehen können, insbesondere hinsichtlich eventueller Sinnestäuschungen, Halluzinationen, oder ebenso Veränderungen im Schlafverhalten.

Durch eine kontinuierliche Verinnerlichung dieser hier angesprochenen, sowie auch weiterer individuell erarbeiteter Selbstschutzmaßnahmen, könnte es dem bipolar Erkrankten gelingen, ein beruhigendes Gefühl der Zuversicht, oder gar einer gewissen „Sicherheit" oder Erleichterung zu erlangen, Aspekte, die ungemein wichtig sind in Bezug auf das Wohlbefinden eines bipolar Erkrankten. Dahingegen ist es wohl zwecklos, vor seiner Krankheit wegzulaufen, sie zu ignorieren, oder gar zu verneinen. Jedoch hat der bipolar Erkrankte letztlich nur mittels einer unbedingt notwendigen Krankheitseinsicht überhaupt erst die Handhabe, zu dem „Schlüssel" zu gelangen, mit dem solche Selbstschutzmechanismen in Gang gebracht werden können.

Mögliche Ursachen und Hintergründe der Erkrankung in
Bezug auf meinen gesamten Entwicklungsprozess

Genetik als einzige Antwort auf das „Warum"?

Ursachenforschung war für mich über einen langen Zeitraum ein permanentes Randthema. Mehr als zwei Jahrzehnte lang war ich immer wieder nach einer Antwort auf die Frage nach dem „Warum" auf der Suche, doch im direkten Bezug zu meiner bipolaren Erkrankung führten unzählige Recherchen und Versuche der Vergangenheitsaufarbeitung immerzu in eine Sackgasse. Hierfür sind aus heutiger Sicht vielerlei Gründe verantwortlich. Zunächst einmal stelle ich fest, dass mir bis zum heutigen Tage die notwendige zeitliche Distanz zu meiner Krankheit fehlt, welche unbedingt notwendig wäre, damit ich mich überhaupt erst tiefgründig mit meiner Vergangenheit auseinander setzen könnte.

Insbesondere waren die ersten Jahre meiner Erkrankung geprägt von einem Gemisch aus Schuldgefühlen, mangelndem Selbstvertrauen, Misstrauen in Ärzte und deren Theorien über Genetik, Misstrauen in Medikamente, Unsicherheit, und nahezu permanenter Versagensangst, und oftmals fühlte ich mich genötigt, mich für meine Lebenssituation in Anlehnung an meine Erkrankung rechtfertigen zu müssen. Dieser Zustand machte es mir einerseits fast unmöglich, von meiner Krankheit einen „gesunden" Abstand zu gewinnen, und gleichfalls schien es mir, als würde ich mir ständig selbst meine Energien entziehen, die ich bestimmt viel dringender benötigt hätte, um die Vergangenheit möglicherweise sinnvoller, produktiver, und mit mehr Positivität und Selbstwertgefühl aufarbeiten und analysieren zu können.

Zwar beruht meine persönliche Einschätzung hinsichtlich möglicher genetischer Ursachen meiner manisch-depressiven Störung auf keiner medizinisch-wissenschaftlichen Grundlage, doch habe ich mir während des gesamten Verlaufs meiner langwierigen Erkrankungsgeschichte mittels einer persönlichen, selbstanalytischen Betrachtungsweise eine ganz spezielle Meinung gebildet, die mit diversen fachspezifischen Beurteilungen und Forschungsergebnissen nicht in vollem Umfang deckungsgleich ist. Aus meiner heutigen Sichtweise erwäge ich zunächst keinen Zweifel daran, dass die Genetik einen maßgebenden Beitrag zur Beantwortung der Frage nach den Ursachen der bipolaren Krankheit leistet. Die medizinische Forschung bestätigt mit Eindeutigkeit den Tatbestand der genetisch-erblichen Veranlagung bei manisch-depressiven Erkrankungsfällen, wonach schon im Mutterleib ein Defekt im Erbgut des Betroffenen angezeigt ist. Dieser kann schließlich im Verlaufe der jeweiligen Entwicklung, meist zu Beginn des Erwachsenenalters, zu einer erstmaligen bipolaren Erkrankungssituation führen.

Darüber hinaus stelle ich jedoch die Behauptung auf, dass neben der wichtigen genetischen Komponente auch weitere, nicht unerhebliche Aspekte im Hinblick auf eine weit umfassende Ursachenforschung herangezogen werden müssen. Die manisch-depressive Störung ist eine Erkrankung, die man, nicht wie beispielsweise im Falle eines gebrochenen Armes, an nur einer einzigen Ursache festmachen kann. Mein persönlicher Versuch der Darstellung eines Gesamtbildes hinsichtlich möglicher Auslöser meiner bipolaren Erkrankung lässt mich zu dem Schluss kommen, dass zu dem genetisch-biologisch bedingten Faktor unbedingt auch der psychische und soziale Faktor herangezogen werden muss. Hierbei richte ich vor allen Dingen mein Augenmerk auf konkrete Lebenssituationen, Lebenseinschnitte, Schicksalsschläge, außergewöhnliche Vorkommnisse, von großer Verzweiflung und Melancholie geprägte Phasen, sowie auch Ängste oder gar Schockzustände, die im Verlaufe meiner Entwicklung zwischen Geburt und dem Erwachsenenalter aufgekommen waren.

Gewiss würde ich die Theorie unterstreichen, dass ein Mensch, der seit seiner Geburt mit einem so genannten „bipolaren Gen" ausgestattet wurde, womöglich im Verlaufe seiner Entwicklung ein erblich bedingt vielfach höheres Risiko in sich trägt, an der manisch-depressiven Störung zu erkranken, als ein Mensch, der dieses „kranke Gen" nicht geerbt hat. Jedoch komme ich auch trotz dieses eindeutigen Arguments weiterführend zu der persönlichen Ansicht, dass grundsätzlich bei jedem Menschen, unabhängig von der „genetisch-erblichen" Komponente, nicht ausgeschlossen ist, dass eine Verkettung ungünstiger, psychisch-sozialer Einflüsse im Werdegang der Person eine psychische, beziehungsweise konkret eine bipolare Störung auslösen könnte. Meine Meinung stützt sich zwar lediglich auf meine persönliche Auffassungsgabe über die Gesamtheit der Ereignisse, die sich seit meiner Geburt auf meinen seelischen Gemütszustand ausgewirkt haben, im positiven wie auch im negativen Sinne, doch sind genau hier eine Reihe diverser Anhaltspunkte angezeigt, die mir nahezu keinen Zweifel lassen, dass so genannte „äußere Umweltfaktoren" auf psychisch-sozialer Ebene eine Neigung zu einer krankhaften Ausrichtung mit beeinflussen können. Zugegebenermaßen sind meine laienhaft biochemischen und biologischen Kenntnisse über die wissenschaftlichen Theorien bezüglich genetischer Störungen und Erbkrankheiten, sowie medizinischer Fachausdrücke, wie zum Beispiel „Transmitterstoff" oder „Synapse", im gesamten Umfang ein wenig unzureichend, um fachspezifisch korrekt und kompetent vorzugehen. Hier anknüpfend möchte ich versuchen, meine eigens erarbeiteten und zusammen getragenen „Theorien" der vergangenen Jahre über die doch so unergründliche Vielfalt und unermessliche Bandbreite der menschlichen Psyche noch ein wenig auszuweiten. In der Medizin sind solche Theorien über die Ursächlichkeit der manisch-depressiven Störung weltweit in Fachbüchern fest verankert, und geradezu wie klare, eindeutige Definitionen beschrieben. Diese speziell hier umschriebene „Stoffwechselstörung" im Gehirn eines bipolaren Patienten ist in der Gegenüberstellung mit einem „gesunden" Menschen aus wissenschaftlicher Sicht der entscheidende Hebel, an dem die medizinische Forschung ansetzt, um die manisch-depressive Erkrankung überzeugend und konkret definieren zu können. Die Vorstellung, dass meine bipolare Erkrankung auf einer Stoffwechselstörung im Gehirn begründet ist, mag seitens meines eigenen, allgemein medizinischen Grundverständnisses zunächst durchaus nachvollziehbar sein. Weiter führend wird für mich jedoch die Frage, ob sich diese vermeintliche Stoffwechselstörung schon im Mutterleib vor meiner Geburt entwickelt hat, oder ob möglicherweise erst unmittelbar vor dem Ausbruch meiner erstmalig aufgetretenen Depression im Alter von 20 Jahren ein biologisch-chemischer Prozess stattgefunden hat, wohl für immer unbeantwortet bleiben. Vielmehr sehe ich mich zwar in der Lage, eine Liste diverser möglicher Auslösefaktoren meiner bipolaren Erkrankung zu erstellen, und diese auch zu begründen, doch erachte ich es aus meinem persönlichen Standpunkt für ausgeschlossen, dass die manisch-depressive Erkrankung einer einzigen konkreten Hauptursache zugeordnet werden kann, und dies trotz vielfältiger, wissenschaftlich dokumentierter Theorien hinsichtlich der genetischen Komponente. Die Kindheit und Jugend eines Menschen ist geprägt von unzähligen Lebensereignissen, und darunter auch von mehr oder weniger schwerwiegenden Schicksalsschlägen, die in deren Gesamtheit zweifellos mit Einfluss nehmend auf die Entwicklung, also die

Stärkung oder der Schwächung der psychischen Struktur sein können. Insbesondere im Verlaufe meiner Jugendzeit ergab sich eine Vielzahl an Ereignissen, die rückblickend meiner gesamten Entwicklung einen entscheidenden Stempel aufgedrückt haben. Während einer längeren Zeitspanne, unmittelbar vor meiner ersten Klinikeinweisung, etwa im Alter zwischen 17 und 20 Jahren, überschlugen sich förmlich die Lebensereignisse in einem weitgehend „ungesunden" und seelisch belastenden Maße. Die Inhalte der folgenden Schilderungen beschäftigen sich konkret mit solchen so genannten „psychisch-sozialen" Umwelteinflüssen.

Die Medizin spricht also von „manischen" und „depressiven" Erkrankungsphasen bei einem „bipolar" betroffenen Menschen. Wie aber ist es vergleichsweise bei einem so genannten „normalen", „gesunden" Menschen um dessen Psyche bestellt? Niemals würde ich einer wissenschaftlichen These zustimmen, die besagen würde, dass einzig genetische Fehlfunktionen, oder weiterführend, eine Stoffwechselstörung im Gehirn eines Betroffenen die Hauptverantwortung, ja gar die einzige Ursache einer manisch-depressiven Störung ist. Manchmal schon habe ich mir die fast überflüssige Frage gestellt, ob es wohl irgendwo auf dieser Welt einen Psychiater gibt, der eine erblich bedingte, bipolare Veranlagung in sich tragen, und womöglich selbst einmal an der manisch-depressiven Störung erkranken könnte. Im realen Leben jedenfalls kenne ich kein einziges Beispiel eines solchen Falles. Schließlich entdeckte ich jedoch vor ein paar Jahren ein Buch einer bipolar betroffenen Amerikanerin, die in ihrer Autobiografie über ihre manisch-depressive Störung berichtete, und heute den Beruf des Psychiaters ausübt.

Um noch einmal auf das Bild des psychisch „gesunden" Menschen zurück zu kommen, möchte ich hier die Behauptung aufstellen, dass der Übergang zwischen „gesund" und „krank" auf der weiten Ebene der menschlichen Psyche sehr fließend und nahezu undurchschaubar, sowie sehr dehnbar sein kann, und ein weiteres Mal komme ich zu der Überlegung, was denn „normal" ist. Eine Frage, die wie viele weitere Fragen aufgrund der Komplexität der bipolaren Erkrankung wohl immer unbeantwortet bleiben wird. Ich gehe sogar noch einen Schritt weiter, und treffe die vielleicht etwas überhebliche Aussage, dass jeder Mensch in einer gewissen Form eine manisch-depressive „Veranlagung" in sich trägt. Mit dieser Behauptung begebe mich zwangsläufig in einen neuerlichen, gedanklichen Konflikt hinsichtlich einer Klärung des genetischen Aspekts, und dessen möglichen Einfluss auf die bipolare Störung. Selbst die Wissenschaft ist sich darüber im Klaren, dass die Genetik eine höchst komplizierte Thematik ist, und man diesbezüglich bei jeder einzelnen bipolaren Verlaufsgeschichte viele einzelne Bestandteile in deren Zusammenhang betrachten muss, wollte man den Ursachen der Erkrankung auf den Grund gehen. Die Genetik scheint hier nur einen Teil einer hoch komplizierten Thematik auszumachen, jedoch ob sie letztlich als die alleinige Ursache für den Ausbruch einer bipolaren Erkrankung heran gezogen werden kann, halte ich für ausgeschlossen.

Meine Position innerhalb der Familie zwischen Geburt und Kindheit

Im Juni 1967 wurde ich in einer kleinen Stadt inmitten einer ländlichen Gegend im Südwesten Deutschlands geboren. Dort wuchs ich gemeinsam mit meinen drei älteren Brüdern auf, und verbrachte zusammen mit ihnen und meinen Eltern die gesamte Kindheit und Jugend. Mein Vater war von Beruf Polizeibeamter am Revier der Stadt, und arbeitete in wöchentlich wechselnden Schichten, meine Mutter war Hausfrau. Es ergab sich also eine für die damalige Zeit typische Rollenverteilung der Eltern, wie sie auch heutzutage noch oftmals vorzufinden ist, der Vater verdiente das Geld, die Mutter hingegen widmete sich ausschließlich der Kindeserziehung, und kümmerte sich somit um alle „elterlichen" Verpflichtungen und organisatorischen Angelegenheiten rund um die Entwicklung der Kinder, und darüber hinaus den gesamten familiären Haushalt.

Zwar war ich war kein geplantes Kind, doch kam es wiederum zur Schwangerschaft. Nach dem ersten großen Schock über die überraschende Nachricht des Frauenarztes im Herbst 1966 schienen sich nach und nach die anfänglich gemischten Gefühle der Eltern hinsichtlich eines vierten Kindes in eine etwas positivere Grundstimmung zu bewegen. Zumindest soll die Vorfreude meiner Geschwister im Hinblick auf den baldigen Familienzuwachs groß gewesen sein, dies und diverse weitere Details entnahm ich den Aussagen meiner Mutter auf meine konkreten Fragen während diverser Gespräche im Jahr 2004.

Zweifel gab es seitens meines Vaters, ob die Mutter, die ja schon mit drei Kindern alle Hände voll zu tun hatte, überhaupt die sich neu ergebende Situation mit einem weiteren Kind durchstehen könnte. Dazu gesellten sich skeptische Gedanken hinsichtlich der Meinungen des Umfeldes, sowohl der Familienangehörigen und Bekannten, bis hin zu Nachbarn oder Arbeitskollegen des Vaters. Auch meine Großmutter mütterlicherseits, eine Landwirtschafterin, die in einem zwei Kilometer entfernten Dorf lebte, nahm die Nachricht über die Schwangerschaft ebenfalls nur äußerst bedingt mit Freude auf, denn fiel der errechnete Entbindungstermin genau auf die wichtige Erdbeerenzeit, in der die Großmutter auf jede nur mögliche Erntehilfe angewiesen war. Die Sorgen des Vaters, die Nöte der Großmutter, sowie die ohnehin schon bestehende Sorgfaltspflicht gegenüber dreier Kinder im Alter zwischen einem und fünf Jahren gingen nicht spurlos, und vor allen Dingen auch nicht ohne den Hauch eines sich entwickelnden Schuldgefühls an einer schwangeren Mutter vorüber.

Meine Geburt im Juni 1967 verlief komplikationslos, jedoch ergab sich schon kurze Zeit später eine schwierige Lebenssituation, als meine Mutter im darauf folgenden September eine heftige Lungenentzündung bekam. Von nun an konnte sie sich vorübergehend nur in sehr beschränktem Umfang um die Obhut Ihrer vier Kinder kümmern, musste oftmals zu ärztlichen Untersuchungen, und schickte zu ihrer eigenen Entlastung schließlich konsequent im Oktober 1967 die beiden ältesten Söhne in einen mehrwöchigen, betreuten Kinderferienaufenthalt im Schwarzwald. Seit diesem Zeitpunkt wurde vor allen Dingen auch meine Großmutter stark in das innerfamiliäre Geschehen eingespannt, hatte doch meine Mutter unter den Folgen der Lungenentzündung sehr zu leiden, in körperlicher sowie auch seelischer Hinsicht. Doch war dies auch gleichfalls für die Großmutter eine Herausforderung, und zudem eine mehrfache Belastung, hatte diese sich doch neben ihrer Arbeit in der Landwirtschaft zudem um ihre eigene, seelisch labile Schwester, und auch ihren Sohn zu kümmern, die in ihrem Haus lebten.

Noch gravierender wurde die Situation um meine Mutter während des gesamten Monats Februar 1968, als sie einen seitens ihres Hausarztes empfohlenen, vierwöchigen Kuraufenthalt antrat. Über jenen Zeitraum sah ich meine Mutter im zarten Alter von sieben Monaten nicht ein einziges Mal. Dafür kümmerte sich umso mehr die Großmutter um mich und meine Brüder, während der Vater fortlaufend seiner Arbeit bei der Polizei nachging. Obwohl meine Eltern, wie sie immer wieder betont hatten, zwar sehr gerne noch ein Mädchen gehabt hätten, reifte während des Kuraufenthaltes meiner Mutter der gemeinsame Entschluss, dass keine weiteren Kinder mehr gezeugt werden sollten. Nach den Kraft raubenden Ereignissen rund um die Dauerbelastung und Erkrankung der Mutter, und vor allen Dingen im Anschluss an meine Geburt, war insbesondere auch die Furcht meines Vaters groß, dass seine Frau eine möglicherweise nächste, fünfte Schwangerschaft kaum überstehen, ja schlimmstenfalls nicht überleben würde. Die Erziehung und somit die Verantwortung über vier kleine Kinder bedeutete schon jetzt mehr als genug an Herausforderung, Energieaufwand, Disziplin und Verzicht.

Als meine Mutter Anfang März 1968 von der Kur zurückkehrte, bauten sich vermutlich weitere Schuldgefühle auf, denn machte sie sich bewusst, dass insbesondere auch die notwendigerweise angetretene Kurzeit eine Phase war, während der sie sich nicht im Geringsten um ihre vier Kinder kümmern, sondern ausschließlich an ihrer eigenen, akut körperlichen sowie psychischen Verfassung arbeiten konnte. Bestimmt machte sich große Erleichterung bei ihr breit, als ich im Alter von acht Monaten, nachdem ich meine Mutter nach der Kur das erste Mal wieder sah, schließlich ihr gegenüber das Wort „Mama" aussprach, hatte ich mich doch mittlerweile sehr an die Oma gewöhnt, die sich einen ganzen Monat lang permanent um mich gekümmert hatte. Rückblickend fehlt mir jedoch verständlicherweise hierzu jegliches Erinnerungsvermögen.

In der darauf folgenden Zeit, ab Frühjahr 1968, musste meine Mutter zweifellos viel darüber nachdenken, was alles geschehen war, hatte vieles aufzuarbeiten, und führte sich Versäumnisse vor Augen, die durch ihre Erkrankung verursacht wurden, besonders auch in Bezug zu mir. Vielleicht keimte in ihr der Gedanke, was sie nun wohl alles wieder „gut" zu machen hatte, und so nahm ich meine Mutter ab einem frühen Alter als eine Person wahr, die mir in großem Umfang viel Wärme, Anteilnahme und Fürsorge entgegen brachte, eine deutlich spürbare Aufmerksamkeit, die gleichzeitig meine älteren Brüder offensichtlich nicht annähernd in der selben Intensität erhalten hatten. Jedenfalls stelle ich hier eine Entwicklung fest, die mir schlussfolgernd verdeutlicht, dass ich nicht grundlos die Position des „Lieblingskindes" einnahm, und dies bestimmt nicht nur aufgrund der Tatsache, dass ich das „Nesthäkchen" der Familie war. So geschah es, und dies veranschaulichen zahlreiche Beispiele aus meiner Kindheit, dass ich, basierend auf der stark erhöhten Aufmerksamkeit und ungleichmäßig verteilten Fürsorge der Mutter, zweifellos oftmals von „Vorzügen" profitierte, in dem ich beispielsweise im Gegensatz zu meinen Brüdern verschiedenste Dinge unverhältnismäßig leichter geschenkt oder genehmigt bekam. Meine „Sonderstellung" innerhalb der Familie lässt mich im Rückblick zu der Vermutung kommen, dass konkrete

Verhaltensweisen der Eltern, und insbesondere meiner Mutter hinsichtlich einer „strengeren" Erziehungsmethode, wie sie noch gegenüber meinen drei älteren Geschwister angewendet wurden, nun jedoch beim jüngsten Kind, also bei mir, einer „Reform" unterzogen werden sollten. Dies womöglich auch, um sich zur eigenen Entlastung sagen zu können: „Bei unserem vierten Kind haben wir doch alles getan, was in unserer Macht stand, ja vermutlich sogar alles richtig gemacht". Eine Haltung, die es vielleicht sogar erlaubt, all jene vermeintlich angestauten Schuldgefühle, die man als Mutter ab der Schwangerschaft mit dem vierten Kind zusätzlich in sich herumgetragen hatte, abzuschütteln zu können.

In Bezug auf meine Mutter sah ich mich in der Rolle eines gut behüteten und umsorgten Kindes, dem es an nichts fehlen sollte. Innerhalb der Familie zeichnete sich ein überwiegend harmonischer Umgang mit meiner Mutter und meinen Brüdern ab. Dahingegen fand eine aktive Teilnahme meines Vaters an einem Familienleben in der Regel nicht statt. Zumeist waren Begegnungen mit ihm eher zufällig, und ansonsten auf gemeinsame Essenszeiten oder die Sportschau im Fernsehen beschränkt. Konversationen, sowie auch nur ein kurzweiliger Austausch von Worten, ergaben sich nur äußerst selten. Neben dem Tatbestand seiner unregelmäßigen Arbeitszeiten war mein Vater, wenn er nicht gerade Polizeidienst hatte, oder sich von diversen Nachtschichten tagsüber zu Hause erholte, ein so genannter „Eigenbrödler", und beschäftigte sich zumeist im Gemüsegarten, oder in seinem Werkraum im Keller des Hauses.

Die gegenseitige, stark gefühlsbetonte, sowie vertrauensvolle Bindung zwischen meiner Mutter und mir verfestigte sich im Verlaufe meiner Kindheit zunehmend. Gewiss erhielten auch meine älteren Brüder die nötige Fürsorge der Eltern, jedoch entwickelten sie sich mit viel mehr Eigenständigkeit, und kommunizierten mit ihrer Mutter eher auf einer sachlichen und reiferen, als einer emotionalen Ebene. Der gegenseitige Kontakt und Austausch zwischen mir und meinen Brüdern gestaltete sich in der Regel sehr harmonisch und kollegial, darüber hinaus konnte ich insbesondere bei schulischen Angelegenheiten immer deren Hilfe in Anspruch nehmen, und Streitereien unter uns Geschwistern gab es nur äußerst selten.

Schulzeit, soziales Umfeld und Aktivitäten

Unter anderem dank meines allgemeinen Interesses und der unterstützenden Hilfe meiner älteren Brüder fielen mir die ersten Jahre der Schulzeit sehr leicht. Schon vor der Einschulung konnte ich lesen, schreiben und rechnen. Zu meiner Jugendzeit eröffnete man mir zahlreiche Möglichkeiten der aktiven Freizeitgestaltung, im Grunde all das, was im machbaren Bereich der Eltern stand. So erlernte ich das Orgelspiel, trat dem Tennisclub der Stadt bei, und konnte in den Sommerferien an einigen Zeltlagern sowie auch mehrwöchigen Fahrradtouren teilnehmen. Zwar nahmen nach erfolgreichem Absolvieren der Grundschule im Jahr 1977 meine schulischen Leistungen nach dem Wechsel in das Gymnasium zunächst geringfügig ab, doch insgesamt hatte ich nie wirklich gravierende Probleme in der Schule, war ich doch ein vielseitig interessiertes, begabtes, aufnahmefähiges, begeisterungsfähiges, motiviertes, und handwerklich versiertes Kind. Alles in allem ein junger, heranwachsender Mensch, der eines Tages meinem Vater den Satz entlocken ließ: „Über unseren jüngsten Sohn müssen wir uns ganz bestimmt mal keine Sorgen machen". Ich selbst kann mich nicht daran erinnern, dass mein Vater jemals diesen Satz von sich gab, doch in den vergangenen Jahren, seitdem mein Vater im Jahr 2002 verstorben war, hörte ich diesen Satz wiederholte Male von meiner Mutter. Bestimmt fühlte sich mein Vater mit seiner Aussage auch bestätigt, hinsichtlich meiner Erziehung alles richtig gemacht zu haben. Somit gab es insbesondere seit dem Ausbruch meiner bipolaren Erkrankung keinerlei Beweggrund seitens der Eltern, eventuelle Ursachen zu suchen, die meine seelische

Stabilität in der Jugendzeit, und insbesondere auch innerhalb meiner familiären Situation womöglich nachteilig beeinträchtigt haben könnten.

Im Jahr 1977 wechselte ich von der Grundschule ins Gymnasium der Stadt, gleichzeitig war dies das Jahr meiner Kommunion in der katholischen Kirchengemeinde der Stadt, und ebenso der Beginn einer acht Jahre andauernden Ministrantenzeit im Kirchendienst. Auch meine Brüder beschritten diesen Weg des „Messdieners", der sich geradezu, fast wie eine obligatorische Maßnahme, durch die stark ausgeprägte Religiosität der Mutter, wie auch der Großmutter, als logische Konsequenz abzeichnete. Vor allen Dingen war es aber die äußerst „übertrieben" religiöse „Veranlagung" meiner Mutter, die auch ein hoch motiviertes Pfarrgemeinderatsmitglied war, welche sich sehr prägend auf meine Erziehung und die meiner Brüder auswirkte. Der Dienst in der Kirche eröffnete mir zahlreiche Begegnungen mit gleichaltrigen Jugendlichen, sowie auch erwachsenen Menschen der katholischen Gemeinde. Alljährlich fand in den Schulsommerferien ein zweiwöchiges Ministranten-Zeltlager statt, und darüber hinaus organisierte die Kirche mehrmals pro Jahr an den Wochenenden zusätzliche Hüttenaufenthalte im Schwarzwald. Dank meiner Kontaktfreudigkeit, sowie offenen und leicht schüchternen Art, entstanden durch die große Kameradschaft unter den vielen Ministranten der Stadt einige anhaltende, tiefe Freundschaften, wohin gegen sich jedoch ein Aufbau von vertrauensvollen Kontakten zu meinen Klassenkameraden in der Schule nur schwer gestaltete, da im Gegensatz zu allen meinen längst pubertierenden Mitschülern meine eigene körperliche Entwicklung erst knapp zwei Jahre vor den Abiturprüfungen eingesetzt hatte, was sich äußerst hinderlich auf eine Kontaktaufnahme auswirkte. Kaum noch kann ich mich an eine ernsthafte, feste Schulfreundschaft während meiner gesamten Gymnasialzeit zurück erinnern. Umso mehr empfand ich deshalb meinen Ministrantendienst in erster Linie deshalb als überaus wichtig, da dieser mir die einzige Möglichkeit des Aufbaus und Erhalts eines Freundeskreises bieten konnte.

Im Verlauf meiner Jugend bekam ich weiterhin viele Dinge von meiner Mutter genehmigt, wenn ich Sie danach fragte. So empfand ich ihr gegenüber eine immer größer werdende Dankbarkeit, die sich vermischte mit dem schon vorhandenen Gefühl, die Mutter stets auf meiner „Seite" zu haben, komme was wolle. Gleichzeitig wurde fortlaufend bestimmt auch das Gefühl meiner Mutter mehr und mehr untermauert, hinsichtlich meiner Erziehung doch alles richtig gemacht zu haben. Auch setzte ich mich immer öfters für meine Mutter ein, wenn es notwendig wurde, so verteidigte ich sie zuweilen auch, wenn sie in aller Regelmäßigkeit lautstarken Streit mit meinem Vater hatte. Ich sah nie einen triftigen Grund, in einem solchen Fall vielleicht auch einmal meinen Vater zu verteidigen, fühlte ich doch eine sehr große Distanz zu ihm. Situationen dieser Art gab es immer wieder, und so konnte ebenso auch meine Mutter spüren, dass sie mich ebenfalls auf ihrer „Seite" hatte.

Noch sehr gut erinnere ich mich, dass ich etwa im Alter von 14 Jahren, bei einer Körpergröße von 140 Zentimeter, und einem Gewicht von 35 Kilogramm, während eines längeren Zeitraums einmal pro Woche meinen Kinderarzt aufsuchen musste, der mir Wachstumshormone spritzte. Trotz dieser mir bis zum heutigen Tag unbegreiflichen, ärztlichen Verordnung begann meine Pubertätszeit zumindest hinsichtlich der körperlichen Merkmale zu einem ungewöhnlich späten Zeitpunkt, etwa im Alter zwischen 16-einhalb und 17-einhalb Jahren.

Unter dem seelischen Aspekt, und insbesondere dem allgemeinen Gemütsbefinden, war für mich diese vorpubertäre Zeit sehr belastend, nicht nur in Bezug auf den Vergleich innerhalb meines sozialen und insbesondere schulischen Umfeldes, sondern vor allen Dingen wegen der Ungewissheit, und der daraus resultierenden Angst, dass vielleicht irgend etwas mit meinem Körper nicht in Ordnung sei. Die Vielzahl der verabreichten Hormonspritzen gaben alleine genug Grund zu meiner Skepsis und Sorge. Hinzu kam die Verschwiegenheit meiner Eltern bezüglich solcher Maßnahmen. Erklärungen seitens meiner Mutter über diverse ärztliche Maßnahmen in meiner Kindheit, seien es die verabreichten Wachstumshormone, oder auch die umfangreich durchgeführten Allergietests meines Kinderarztes, das Ziehen von vier gesunden Backenzähnen beim Zahnarzt, oder die prophylaktische, operative Behandlung einer „Phimose" beim Chirurgen, gab es jedenfalls nicht, obwohl sich das Verhältnis zu meiner Mutter an sich sehr vertrauensvoll gestaltete. Und wenn ich konkrete Auskünfte haben wollte, hieß es seitens meiner Mutter: „Der Arzt sagt, dass das gemacht werden muss". Schließlich fraß ich die mich zum damaligen Zeitpunkt doch sehr bedrückenden Fragen über diverse medizinische Maßnahmen und Eingriffe in mich hinein, und dies im Alter zwischen 13 und 15 Jahren. Es gab niemanden, mit dem ich in meiner Jugendzeit über solche Dinge sprechen konnte, und ich fühlte mich sehr alleine gelassen mit meinen Sorgen und Ängsten. Trotz eines einigermaßen soliden Umfeldes unter meinen Freunden und Kameraden der katholischen Gemeinde stelle ich im Rückblick eindeutig fest, dass die Lebensabschnittsphase unmittelbar vor und nach Erreichen des Erwachsenenalters von nahezu ununterbrochenen, melancholischen Gemütszuständen begleitet war, wobei es mir noch heute fast unerklärlich bleibt, dass ich die Gymnasialzeit letztlich recht ordentlich mit Bestehen des Abiturs zum Abschluss bringen konnte. Zwischen der schriftlichen und mündlichen Abiturprüfung ereignete sich im April 1996 noch ein Unfall, als ich schwer von einem Schäferhund in den Oberschenkel gebissen wurde, ein Schockmoment, von dem ich mich nur langsam erholte, und der die insgesamt eher melancholische Grundstimmung weiterhin gedrückt hielt. Mein Kopf konnte sich nicht befreien von all diesen seelischen Belastungen, offenen Fragen, und kontinuierlich auftretenden Angstzuständen. Rückblickend wundert es mich kaum, dass ich im direkten Anschluss an die Schulzeit so gut wie überhaupt nicht auf die kommende Lebensphase vorbereitet war. Ohne jegliches Selbstvertrauen und Selbstwertgefühl fühlte ich mich wie vor einer hohen, schwarzen Wand. Zu diesem Zeitpunkt hatten alle meine drei älteren Brüder mit Ihren diversen Studiengängen begonnen.

Die Erkrankung als Auslöser familiärer Konflikte und Schuldgefühle

Die Auswirkungen meiner Erkrankung im direkten Bezug auf meine Familie, insbesondere unter Beobachtung meiner ersten fünf Erkrankungsphasen zwischen den Jahren 1987 und 1996, verdeutlichen mir rückblickend ein nahezu unüberschaubares, komplexes Geflecht aus zahlreichen Abhängigkeitssituationen, Konflikten, Unverständnis, Verzweiflung, Beschuldigungen und vorwurfsvollen Äußerungen. Bis zum Alter von 28 Jahren zwang mich die Erkrankung wiederholt zu längeren Zwischenaufenthalten ins Wohnhaus meiner Eltern zurück. Meine drei Brüder hatten derweil allesamt deren Studiengänge in Karlsruhe beendet, und kamen nur noch gelegentlich an den Wochenenden zu Kurzbesuchen ins Elternhaus.

Während meine Mutter versuchte, sich auf die Situation einzustellen, und ihrem psychisch erkrankten, erwachsenen Kind in einer betreuenden Funktion beizustehen, zeigte sich jedoch mein Vater äußerst verständnislos, dass sein jüngster Sohn im Gegensatz zu seinen älteren Geschwistern, die hinsichtlich der Verwirklichung ihrer beruflichen Ziele entschlossen zu Werke gingen, weitgehend orientierungslos zu sein schien. Anstatt dessen folgte eine Erkrankungsphase auf die andere, und zunächst war jeder Neuversuch des Aufbaus einer unabhängigen Lebensstruktur, sowie der Wunsch einer räumlichen Distanz zum Elternhaus zum Scheitern verurteilt. Während sich der Kontakt zu meinen drei Brüdern im Verlaufe meiner Erkrankungsgeschichte immer mehr

reduzierte, beschränkte sich meine innerfamiliäre Kontaktaufnahme nahezu ausschließlich auf meine Mutter. Mein Vater
wurde im Jahr 1991 von seiner Arbeit als Polizeibeamter
pensioniert und begann, sich nun noch intensiver als bisher um
den Gemüsegarten zu kümmern, oder er werkelte im Keller
herum. Mir und meiner Erkrankung gegenüber verhielt er sich
weiterhin ignorant und lieblos. Für ihn war ich ein „Versager", ein
Ausdruck, der mir leider noch heute in trauriger Erinnerung
geblieben ist. Selbstverständlich habe auch ich erst langsam
begreifen und erlernen müssen, welche Auswirkungen sich durch
eine psychische Erkrankung ergeben können, und dies nicht nur
für den Betroffenen selbst, sondern auch indirekt für Angehörige
und Familienmitglieder, jedoch bekam ich bei meinem Vater den
Eindruck, dass in seinen Vorstellungen psychische Erkrankungen
nicht existieren, und deshalb auch nicht geduldet werden dürfen.

Meine Mutter hingegen machte sich vor allen Dingen seit
Beginn meiner Erkrankung große Sorgen, und trat in die Rolle
einer mitleidenden und verständnisvollen Person. Sie fühlte sich
aufgefordert, sich um mich und meine schwierige Situation nach
besten Kräften zu kümmern. Schon gleich nach Beendigung
meiner Schulzeit im September 1986, und drei Jahre später, im
September 1989, verhalf sie durch tatkräftige Mithilfe zu zweierlei
Ausbildungsplätzen in unmittelbarer Nähe des Elternhauses, die
ich aber jeweils noch in der Probezeit eigenmächtig beendete. Ab
dem Jahr 1996 mischte sich zum Verständnis und der Hingabe
meiner Mutter plötzlich auch Wut und Abneigung, zu der Zeit,
als ich während eines stationären Klinikaufenthaltes meine
damalige Frau kennen lernte. Ein kleiner, doch nicht uner-
heblicher Geldbetrag meines damals früh verstorbenen Onkels
sollte gerade in dieser Lebensphase unter meiner Mutter sowie
ihren Söhnen aufgeteilt werden, jedoch entschieden meine Eltern,

den mir zustehenden Anteil aus „Sicherheitsgründen" vorerst einzubehalten. Meine damalige Lebensgefährtin und ich klagten daraufhin per Anwalt, und gewannen diesen Prozess. Von nun an gab es einen lang anhaltenden Bruch im Verhältnis zu meinen Eltern. Erst etwa ein Jahr im Anschluss an diese Klage, als mein Sohn im November 1997 geboren wurde, fand langsam wieder eine Annäherung zu den Eltern statt.

Der Kontakt zu meinem Vater beschränkte sich, wie jeher schon, weiterhin auf ein Minimum, meine Mutter zeigte sich hingegen kontinuierlich in der sorgenvollen Rolle ihrem jüngsten Sohn gegenüber, auch nachdem sich Ende des Jahres 1999 meine damalige Frau von mir getrennt hatte, und ich zwischenzeitlich mit neuen Erkrankungsphasen und stationären Klinikaufenthalten konfrontiert wurde. Jedoch gestaltete sich das Verhältnis zu meiner Mutter seit dem Jahr 1996 mehr und mehr distanziert. Immer wieder kam es zu Streitgesprächen am Telefon, wobei seitens meiner Mutter immer wieder auch meine damalige Anwaltsklage thematisiert wurde. Im Jahr 2002 verstarb mein Vater im Alter von 71 Jahren, und in dem mir kurze Zeit darauf zugesandten Testament wurde ich als enterbt vermerkt. Symbolisch war dies eine schriftlich festgehaltene „Ohrfeige" für mein anwaltliches „Vergehen" aus dem Jahr 1996, einen mir definitiv zustehenden Geldbetrag einzuklagen, den mir meine Eltern nicht aushändigen wollten. Meine Mutter lebte seit dem Tod des Vaters alleine in ihrem Haus, und zu meinen Brüdern, die inzwischen in jeweils großer Entfernung zum Elternhaus wohnten, bestand nur noch sehr selten ein telefonischer Kontakt.

Zu meiner Mutter ergab sich weiterhin ein oftmals intensiv geführter telefonischer Austausch, aus einer räumlichen Distanz von etwa 100 Kilometern. Die Inhalte der meisten Gespräche gestalteten sich insgesamt zwar zunehmend harmonischer und vertrauensvoller, jedoch kam es auch immer wieder zu heftigen Streitgesprächen, welche dann zumeist seitens meiner Mutter abrupt beendet wurden. Oftmals schürten diverse vorwurfsvolle Aussagen meiner Mutter Schuldgefühle in mir, die aus meiner Sicht nicht gerechtfertigt waren. So vertrat Sie beispielsweise die Haltung, dass meine psychische Erkrankung ein auslösendes Element für die Alkoholprobleme meines Vaters gewesen sein soll, der zu Beginn der 80er Jahre, als ich 14 Jahre alt war, aufgrund seines starken Alkoholkonsums auf der Intensivstation eines Karlsruher Krankenhauses lag. Natürlich kam auch immer wieder die anwaltliche Klage aus dem Jahr 1996 gegen meine Eltern zur Sprache, die eine Enterbung zur Folge hatte. Spätestens ab dem Jahr 2005 ergab sich eine weitere schwerwiegende Problematik, denn im Anschluss an die Bewilligung meines Rentenantrags wurde meine Mutter seitens des Sozialamtes Freiburg zu Unterhaltszahlungen aufgefordert. Diese Unterhaltsverpflichtung konnte im Jahr 2010 wieder eingestellt werden. Bestimmt war sich meine Mutter dessen bewusst, dass ich aus medizinischer Sicht im Hinblick auf die auslösenden Faktoren meiner bipolaren Erkrankung weder Schuld noch Verantwortung trage, jedoch schien es, als musste aus der persönlichen Sichtweise meiner Mutter trotzdem ein „Schuldiger" gefunden werden, hinsichtlich der diversen Komplikationen und Probleme, welche innerhalb der Familie entstanden waren. Und in jener Situation bot ich mich wohl geradezu ideal als das so genannte „enfant terrible" an.

Ein kurzer Gesamtrückblick auf meine familiäre Situation lässt mich als bipolar erkrankter Mensch zu einem knappen Urteil kommen. Seit Beginn meiner manisch-depressiven Störung ist es mir kontinuierlich schwer gefallen, ein gewisses Verständnis von meinen Familienangehörigen hinsichtlich meiner Erkrankung zu erhalten. Deshalb ist es mir in der heutigen Lebenssituation auch verwehrt, meine Familienangehörigen in mein aktiv „helfendes" und unterstützendes Umfeld mit einzubeziehen, so ernüchternd diese Feststellung im ersten Moment auch klingen mag. Im Verlaufe meiner gesamten Krankheitsgeschichte habe ich Schritt für Schritt erlernen müssen, wachsam, diszipliniert und vor allen Dingen eigenverantwortlich mit meiner Erkrankung umzugehen, und ebenso bin ich mir dessen bewusst, dass beispielsweise auch meine drei Geschwister, die nicht von einer psychischen Erkrankung betroffen sind, und sich zudem zweifellos nicht annähernd in das Leben und die Erkrankung ihres bipolar betroffenen Bruders hinein versetzen können und wollen, täglich ihr eigenes, individuelles Leben zu bewältigen haben. Bei diesem Gedanken muss ich gestehen, dass ich mir selbst keine Antwort auf die Frage geben könnte, wie ich mich, in der Vorstellung eines psychisch „gesunden" Menschen, wohl selbst gegenüber einem bipolar betroffenen Familienmitglied verhalten würde.

Verbindungen und Abhängigkeiten zu Menschen – ausgelöst
durch die Erkrankung

Gefangen im Netz der Abhängigkeiten?

Meine erstmalige Konfrontation mit einer schweren Depression im Alter von 20 Jahren ließ zunächst nicht im Geringsten erahnen, dass dies sogleich der „Startschuss" meiner manisch-depressiven Krankheit bedeuten würde, einer psychischen Störung, die meinem Werdegang spätestens seit dem Jahr 1987 einen ernüchternden „Stempel" aufgedrückt hat. Durch den Ausbruch der manisch-depressiven Erkrankung ergaben sich automatisch und zugleich zwangsläufig Verbindungen zu einem umfangreichen Personenkreis, mit dem ein Mensch ohne jegliche psychische Störung wohl kaum im Verlaufe seines Lebens in Kontakt kommen dürfte. Bei dieser Personengruppe handelt es sich im allgemeinen um Menschen, die direkt sowie indirekt mit meiner psychischen Erkrankung in Berührung gekommen sind, also entweder Menschen, die sich von Berufs wegen aktiv mit der manisch-depressiven Störung befassen, oder wieder andere, die sich aufgrund meiner Erkrankung in einer zumeist formalen, helferischen Funktion mit meinem speziellen Verlaufsfall auseinander zu setzen hatten. Teilweise bestehen noch heute diverse Verbindungen zu Menschen dieses Personenkreises, und ich bin mir im Klaren darüber, dass solche Kontakte mit sehr großer Wahrscheinlichkeit mein ganzes restliches Leben bestehen bleiben werden, auch wenn möglicherweise die Anzahl dieser Menschen auf ein Minimum beschränkt sein könnte. Jedoch steigt beziehungsweise sinkt die Zahl der an meiner Erkrankung „beteiligten" Menschen jeweils in Abhängigkeit zu meinem aktuellen psychischen Gesundheitszustand.

123

Eine Rückschau auf inzwischen 23 Jahre manisch-depressiver Erkrankung und darin enthaltener elf akuter Krankheitsphasen vermittelt mir hinsichtlich dieser Personengruppe einen konkreten Gesamtüberblick, der sich zunächst in nackten Zahlen ausdrücken lässt. Etwa fünfundzwanzig Psychiater aus stationärer Behandlung, dazu zahlreiche Krankenschwestern und Krankenpfleger, sowie ungefähr zwanzig Ergotherapeuten während aller bisherigen stationären Klinikaufenthalte, drei Verhaltens-Therapeuten aus jeweiligen ambulanten Praxen, fünf medizinisch-psychiatrische Gutachter, zwei gesetzliche und per Vormundschaftsgericht angeordnete Betreuer, eine Vielzahl von Angestellten aus Ämtern und Behörden, wie beispielsweise Arbeitsamt, Sozialamt, Rentenbehörde, oder Amt für öffentliche Ordnung, und eine Person vom sozialpsychiatrischen Dienst. Aktuell bin ich bei einem Psychiater in regelmäßiger, fachärztlicher Behandlung. Zudem habe ich im April 2010 erneut mit einer Verhaltenstherapie begonnen.

Während des gesamten Verlaufs meiner Erkrankung kam es hinsichtlich dieses umfassenden Personenkreises vereinzelt auch zu Konfrontationen mit Menschen, gleich welcher beruflichen Richtung, die mir in sehr unangenehmer Erinnerung geblieben sind. Beispielsweise kam es während diverser stationärer Klinikaufenthalte vereinzelt zu zwangsläufigen Zusammentreffen mit behandelnden Ärzten, denen ich nachhaltig nur unzureichende fachliche Kompetenzen zugestehen würde. Unter anderem gab es auch eine Vielzahl behördlicher Hürden zu überwinden, wobei manch langwierige und umständliche Auseinandersetzung mit einem für mich zuständigen Sachbearbeiter zu einer zusätzlichen psychischen Belastungsprobe werden konnte.

All diese Menschen hätten bestimmt nicht meinen Lebensweg durchkreuzt, wäre solch eine Erkrankung nicht aufgetreten.

Nun, an meiner Erkrankung kann ich heute genauso wenig ändern, als an der Tatsache, dass bisher so viele Menschen deren Arbeitskraft in mich investieren mussten. Dennoch möchte ich keineswegs unerwähnt lassen, dass mich dieses „umspannende" Netz verschiedener Menschen zwar mehr und mehr in ein gewisses „Abhängigkeitsverhältnis" versetzt, jedoch oftmals dabei auch den notwendigen Dienst erwiesen hat, mir in Bezug auf meine manisch-depressive Krankheit in sehr helferischer Absicht das Leben zu erleichtern.

Beruhigenderweise ergaben sich vor allen Dingen aber auch eine Vielzahl unterschiedlicher Kontakte zu Personen, welche einerseits sehr kompetent mit meiner Erkrankungssituation umzugehen wussten, und die zugleich auch noch über ein „menschliches Format" verfügten. Letztlich bleibt einem psychisch Erkrankten im Verlaufe seiner Krankheitsgeschichte keine Wahl, sich einerseits fremden Menschen anzuvertrauen, und zudem in diversen Situationen eine teilweise vorübergehende Eingrenzung der eigenen Entscheidungsfreiheit in Kauf zu nehmen. In Einzelfällen kann ihm diese sogar per richterlichen Beschluss völlig entzogen werden, zumeist dann, wenn eine stationäre Einweisung in eine Klinik gegen den Willen des Erkrankten erfolgt ist.

Trotz meiner bipolaren Störung war und ist es mir stets ein großes Bedürfnis, mein Leben so gut es irgend geht in die eigenen Hände nehmen zu können, und nicht dabei jeden einzelnen Schritt des Lebenswegs, und jede neue Entscheidung von diversen Personen abhängig machen zu müssen. Weiter führend ist dieses Bedürfnis nach uneingeschränkter und eigenverantwortlicher Entscheidungsfreiheit für den bipolar Betroffenen während einer gesunden Lebensphase in einem großen Umfang auch realisierbar. Jedoch erachte ich es insbesondere hinsichtlich einer kompetenten, ärztlichen Langzeitbetreuung als nahezu ausgeschlossen, dass sich ein psychisch erkrankter Mensch im Verlaufe seines gesamten Lebens vollständig von einer Bindung zu einem Psychiater befreien kann, aber sollte dies bei der eindeutigen Diagnose einer manisch-depressiven Störung auch vorerst kein erstrebenswertes Ziel des Erkrankten sein.

Auch wenn bei dieser Thematik der Ausdruck der „Abhängigkeit" ein mitunter treffender und zugleich womöglich auch verletzender Begriff für einen bipolar Betroffenen sein könnte, möchte ich hier nochmals mit Klarheit betonen, dass die verschiedenen und umfangreichen Hilfeleistungen einer großen Anzahl jener hier aufgelisteten Personenkreise für mich von überaus wichtiger Bedeutung und teilweise auch dringender Notwendigkeit waren. Ohne die tatkräftige Unterstützung und Hilfe solcher Menschen wäre wohl eine Wiedergenesung aus einer akuten Krankheitsphase, oder darüber hinaus ein Weiterkommen in vielen unterschiedlichen, sowie höchst problematischen Lebenssituationen, nur äußerst schwer realisierbar, oder vielleicht sogar unmöglich gewesen.

Psychiater

Durch die Addition meiner stationären Klinikaufenthalte, und unter Berücksichtigung der Tatsache, dass im Verlaufe einer einzigen Klinikphase zumeist gleich mehrere Psychiater für meinen Genesungsprozess zuständig waren, und hier auch öfters Wechsel auf eine andere Station des jeweiligen Krankenhauses stattgefunden hatten, ergibt eine Gesamtzahl von ungefähr 25 behandelnden Stationsärzten. Seit Beginn meiner Erkrankung im Jahr 1987 war ich zudem bei insgesamt fünf verschiedenen Psychiatern in ambulanter Behandlung. Meinen momentan mich behandelnden Facharzt in Freiburg besuche ich in regelmäßigen Abständen von zumeist etwa vier bis acht Wochen.

Während der diversen stationären Klinikaufenthalte erfüllte ein für mich zuständiger Facharzt vor allen Dingen in der Akutphase die wichtige Hauptfunktion eines so genannten „medizinischen Erstversorgers". Insbesondere bei einem manischen Krankheitsschub muss ein Psychiater sehr darauf bedacht sein, die Manie und somit den „überdrehten", unberechenbaren, und zumeist psychotischen „Höhenflug" des Patienten so schnell als möglich zu stoppen. Hierbei kann sich der Arzt eines recht großen Sortiments an diversen, hoch wirksamen Medikamenten bedienen, mit denen der bipolar Erkrankte sicher und effizient aus seinem „Ausnahmezustand" befreit werden kann. Die richtige Auswahl der während der akuten, primären Phase eingesetzten Psychopharmaka, unmittelbar nach der Klinikeinweisung, ist dabei von großer Bedeutung, denn nicht jedes Medikament schlägt sofort wirkungsvoll bei dem Patienten an, sei es bei der Akutbehandlung einer Manie, oder bei einer Depression.

Die Kunst des Psychiaters besteht vor allen Dingen darin, in einem relativ absehbaren Zeitrahmen wieder eine seelische Ausgeglichenheit bei einem manisch oder depressiv erkrankten Patienten herzustellen. Schließlich, nach erfolgreicher Behandlung einer Depression oder Manie, steht der stationär behandelnde Arzt vor einer weiteren, letztlich entscheidenden Aufgabe. Neben der Festlegung eines richtigen Zeitpunkts der Entlassung muss insbesondere auch rechtzeitig eine individuelle Abstimmung und Einstellung einer vorbeugenden, täglichen Medikation erfolgen. Durch die eigenmächtige Einnahme der verordneten Stimmung stabilisierenden Medikamente wird dem genesenen Patienten ermöglicht, die erste Phase unmittelbar nach der Klinikentlassung in einem weitgehend ausgeglichenen Zustand fortzusetzen.

Mein mich seit dem Jahr 2009 ambulant behandelnder Psychiater verfügt nach meiner persönlichen Einschätzung über medizinisch-fachlich sehr ausgereifte Kompetenzen, insbesondere in Bezug auf die bipolare Störung, und zudem ist er vor allen Dingen auch im menschlichen Bereich eine sehr angenehme und freundliche Person. Neben den zumeist detaillierten und umfangreichen Gesprächen, die manchmal bis zu einer Stunde andauern können, habe ich es schließlich auch seinem ständigen Nachsetzen zu verdanken, dass ich seit einiger Zeit meine Schlafstunden aufnotiere, und jetzt hierbei auch einen wichtigen Sinn darin erkenne, den ich zunächst nicht wirklich begreifen wollte. Natürlich fallen darüber hinaus auch Rezeptausstellungen unter den Zuständigkeitsbereich meines Psychiaters, oder die regelmäßige Überprüfung meiner Blutwerte.

Therapeuten

Zwischen den Jahren 1987 und 2002 machte ich zunächst keinerlei Erfahrungen mit der Berufsgruppe der Psychologen oder Psychotherapeuten. Doch dann entschied ich mich spontan im Jahr 2003, einen Therapeuten in Freiburg aufzusuchen. Innerhalb einer Zeitspanne von einem halben Jahr besuchte ich in wöchentlichen Abständen jeweils einstündige Sitzungen bei einer Verhaltenstherapeutin. Eine Vielzahl dieser Gespräche verhalf mir letztlich dazu, gegenüber meinem sozialen Umfeld und besonders Familienangehörigen ein wenig selbstbewusster aufzutreten, und mitunter ungerechtfertigte Schuldgefühle nicht so sehr an mich heran zu lassen. Natürlich muss ich eindeutig konstatieren, dass ein Therapeut grundsätzlich nicht in der Lage sein kann, einen bipolar Betroffenen innerhalb seiner stabilen Phase vor weiteren Akutphasen in eine manische oder eine depressive Ausrichtung zu bewahren. Darüber hinaus ist es auch nicht besonders sinnvoll, mittels eines Therapeuten den Versuch zu starten, die eigene Vergangenheit aufzuarbeiten. Zwar kann sich die Objektivität des Psychologen im gegenseitigen Austausch hinsichtlich einer umfangreichen Thematik sehr vorteilhaft auswirken, jedoch könnte die Gefahr bestehen, dass insbesondere bei einem Rückblick in die Vergangenheit die womöglich „angespannten" und belastenden Gefühle des Betroffenen durch eine objektive Beurteilung und Stellungnahme eines Therapeuten in einem vielleicht eher „ungesunden" Maße entschärft werden. Letztlich ist nur der bipolar Erkrankte selbst in der Lage, seine Vergangenheit und damit verbundene, eigene Empfindungen selbstanalytisch aufzuarbeiten, denn kann doch niemand besser in seine „Seele" hineinschauen, als der Betroffene selbst.

Im Frühjahr 2010 entschloss ich mich erneut, mit einer Verhaltenstherapie in Freiburg zu beginnen. Diese wurde, ebenso wie die damalige Therapie im Jahr 2003, von meiner gesetzlichen Krankenkasse genehmigt, und auf 25 Therapiestunden angesetzt. Bestimmt ist hinsichtlich des Entschlusses für eine Therapie ein ganz entscheidender Faktor, dass sich ab dem Beginn ein vertrauensvoller Bezug zum Psychologen herstellen lassen kann. Natürlich sollte auch eine gewisse Sympathie zu diesem „fremden Menschen" vorhanden sein, und vor allen Dingen darf es nicht passieren, dass der Betroffene sich im Anschluss an eine Sitzung schlechter fühlt, als vor der Sitzung. Wie auch schon bei der Therapie im Jahr 2003, hatte ich Glück bei der Suche eines Therapeuten, denn schon nach dem ersten Termin entwickelte sich in mir ein gutes Gefühl, mit dieser Person offen und vertrauensvoll arbeiten zu können. Im Verlaufe der intensiven Gesprächssitzungen mit dem Therapeuten ergaben sich mehr und mehr Veränderungen hinsichtlich einer stetigen Stärkung meines Selbstwertgefühls. Insbesondere stellte ich auch fest, dass ich immer selbstbewusster gegenüber den Menschen meines Umfeldes auftreten konnte. Zudem konnte ich meine Motivation und meinen Antrieb etwas steigern, und spürte, dass ich immer besser mit diversen Stresssituationen umgehen konnte. Zusammen fassend kann ich anmerken, dass ich meinen Entschluss, den Weg einer Verhaltenstherapie gegangen zu sein, nicht bereut habe.

Betreuer

Im Jahr 2000 wurde mir über eine richterliche Anordnung des Amtsgerichts Freiburg erstmals ein Betreuer zugewiesen. Ähnlich, wie der Ausdruck „bipolar" im Gegensatz zu „manisch-depressiv" vielleicht etwas verharmlosend klingen mag, könnte solch eine Verharmlosung eines Begriffs auch auf die Bezeichnung des „Betreuers" zutreffen, eine Berufsgruppe, die ursprünglich doch eher mit dem vielfach aussagekräftigeren Wort „Vormund" umschrieben werden müsste, denn in der Regel wird in einem konkreten Bedarfsfall ein Betreuer von dem so genannten Vormundschaftsgericht bestellt.

Der Aufgabenbereich eines Betreuers, welcher einem bipolar Erkrankten zugewiesen worden ist, umfasst zumeist vielfältige, komplexe Aufgaben. Vor allen Dingen erhält ein Betreuer in vielen Verlaufsfällen die Befugnis, den bipolar Betroffenen in eine Psychiatrie einweisen zu lassen, sobald er eine dringende Notwendigkeit erkennen sollte. Zusätzlich übernimmt er die Verwaltung der gesamten finanziellen Situation des Betroffenen. Insbesondere innerhalb der ersten Wochen unmittelbar nach der jeweiligen Klinikentlassung konnte mir mein zuständiger Betreuer in besonders hilfreicher und unterstützender Funktion zur Seite stehen, denn ergaben sich ausschließlich immer während der akuten Phasen kurz vor einer Klinikeinweisung finanzielle Problemsituationen, welche auf unkontrollierte Geldausgaben während jener krankhafter Zustände zurück zu führen waren. Auch diverse Behördengänge konnten direkt im Anschluss an eine

Erkrankungsphase gemeinsam mit Unterstützung eines studierten Sozialarbeiters, und somit ausgebildeten Betreuers, zunächst mit mehr Ruhe und Übersicht bewältigt werden.

Je länger jedoch ein Betreuer bestellt ist, desto eher besteht die Gefahr für den Betroffenen, dass dieser sich fortschreitend in einer Unselbständigkeit, und zugleich immer größer werdenden Abhängigkeit zu seinem Betreuer verfängt. Ein Ablösungsprozess kann sich schließlich umso schwieriger gestalten, je länger der „Betreute" dieses Abhängigkeitsverhältnis als vermeintlich wichtig empfindet, und dabei womöglich ignoriert, dass ihm zugleich ein eigenverantwortliches Handeln mehr und mehr verloren geht. Ohne dem Beruf des Betreuers zu nahe treten zu wollen, möchte ich hier anmerken, dass es zweifellos die bessere Lösung für einen bipolar Betroffenen ist, bestenfalls ganz ohne eine Betreuung auszukommen. Und wenn es dann doch, beispielsweise wie in meinem Fall, durch eine Anordnung des Vormundschaftsgerichts, dazu kommen sollte, dass ein Betreuer bestellt wird, ist es ganz bestimmt hinsichtlich des weiteren Lebensverlaufs von Vorteil, wenn man neben dem großen Wunsch einer dauerhaften, seelischen Stabilität schließlich auch das konkrete Ziel nicht aus den Augen verliert, sich recht bald wieder von der zwischenzeitlich hilfreichen und mitunter auch kompetenten „Umklammerung" einer Betreuung lösen zu können. Eine dauerhafte Einrichtung einer Langzeitbetreuung halte ich hinsichtlich der Zielsetzung der Gestaltung eines möglichst eigenverantwortlichen Lebens eines bipolar Erkrankten deshalb nicht für sinnvoll.

Gutachter

Die Berufsgruppe der Gutachter nimmt Bezug auf jene Personen, die, wie der Begriff es schon aussagt, befugt sind, diverse Gutachten in schriftlicher Form zu erstellen. Aufgrund meiner bipolaren Störung ergab sich während der vergangenen 23 Jahre meiner Krankheitsgeschichte mehrfach die Situation, dass ein ärztliches Gutachten eines Psychiaters erstellt werden musste. Insbesondere im Hinblick auf meinen Führerschein, der mir aufgrund meiner Erkrankung insgesamt drei Mal von Amts wegen vorübergehend einbehalten wurde, waren diese Schriftstücke von großer Wichtigkeit. So wurde mir zuletzt im Jahr 2005 letztmalig ein umfangreiches Gutachten zur Wiedererlangung meines Führerscheins ausgestellt. Die notwendigen Gutachten für die neuerliche Erteilung der Fahrerlaubnis mussten ausschließlich von einem so genannten „Fremdgutachter" ausgestellt werden, also einem Facharzt für Psychiatrie, der einerseits die Erlaubnis zum Erstellen solcher Papiere hat, und der darüber hinaus nicht der eigentlich behandelnde Arzt des Antragstellers ist. Über einen monatelangen Zeitraum mussten mehrere Termine bei einem ausgewählten Fachgutachter wahrgenommen werden. Außerdem waren die Gutachten mit hohen finanziellen Kosten verbunden.

Bezüglich meines im Jahr 2004 gestellten Antrags auf Rente wegen voller Erwerbsminderung mussten ebenfalls diverse Gutachten erstellt werden, zum einen von niedergelassenen Fachärzten, welche zusätzlich bei der Rentenbehörde angestellt sind, und zum anderen auch von meinem eigenen behandelnden

Facharzt. Jene Gutachten sind für den Antragsteller kostenfrei, da es sich bei der Rente um eine staatliche Angelegenheit handelt. Ebenso mittels eines ärztlichen Gutachtens wurde mir im Jahr 2004 ein auf 80 Prozent angesetzter Schwerbehindertenausweis ausgestellt. Auch in Bezug auf die Agentur für Arbeit verhalfen mir etwa gegen Ende der 90er Jahre schon mehrere Gutachten dazu, einige schwierige Situationen weitgehend zu lösen, ohne dabei in finanzielle, und vor allen Dingen seelische Not zu kommen. Im Rückblick haben mir diverse fachärztliche Gutachter, sowie insbesondere die Gutachten selbst, gleich welcher Art, einen wichtigen Dienst erwiesen, manches Mal auch einige „Nerven" erspart, und so mitunter auch einen kleinen, zusätzlichen Beitrag zu meiner seelischen Stabilität geleistet.

Behörden

Hierbei handelt es sich um diverse staatliche und städtische Behörden, sowie deren zahlreiche dort angestellte Sachbearbeiter, wobei auf den ersten Blick nichts Außergewöhnliches festzustellen ist, denn werden einige dieser Einrichtungen wohl auch von Menschen aufgesucht, die nicht an einer psychischen Störung leiden. Ein Hauptunterschied im Vergleich zu einem „Gesunden" Menschen besteht jedoch darin, dass der bipolar Betroffene im Verlaufe, beziehungsweise nach der Beendigung eines immer wieder neu auftretenden Krankheitsschubes unmittelbar nach der Klinikentlassung, und besonders im Anschluss an eine manische Erkrankungsphase zumeist vor einem großen „Scherbenhaufen" steht, und diverse, notwendige Behördengänge in einem neuen Anlauf erledigen muss. Im Rückblick auf meinen persönlichen Verlaufsfall eines bipolar erkrankten Menschen beinhaltet jene umfangreiche Gruppe diverser Behörden konkret beispielsweise den Rentenversicherungsbund, das Sozialamt, das Amt für öffentliche Ordnung, das Amtsgericht, die Krankenkasse, das Versorgungsamt, das Amt für öffentliche Ordnung, das Amt für Wohnungswesen, oder auch das Arbeitsamt.

Grundsätzlich wird man mir mit Sicherheit meine Aussage bestätigen können, dass die unterschiedlichen Behördengänge, sowie die zahlreichen Bearbeitungen diverser Formalitäten lästig und mitunter sehr zeitaufwändig sind. Jedoch erkenne ich hierbei ein positives Merkmal, denn gibt mir die eigenverantwortliche und selbständige Bewältigung solcher Aufgaben ein Gefühl der

Ordnung, der Organisation, und des inneren „aufgeräumt seins". Bestimmt mag es vereinzelt auch manchmal zu kleinen, nervenaufreibenden Konfliktsituationen mit dem ein oder anderen Angestellten einer Behörde gekommen sein. Doch bin ich den zahlreichen, für mich zuständig gewesenen Sachbearbeitern, sehr dankbar für deren umfangreiche Hilfe und Unterstützung, hinsichtlich all meiner verschiedenen Angelegenheiten.

Gestern, heute - und morgen? – Eine Zwischenbilanz

138

Eine neue Lebenseinstellung

Im Anschluss an meine Schulzeit im Jahr 1986 unternahm ich erste vorsichtige Versuche einer beruflichen Orientierung. Ohne jegliches Selbstvertrauen begann ich zunächst eine Ausbildung zum Bauzeichner in einem Architekturbüro im Wohnort meiner Eltern, die ich jedoch schon nach drei Monaten vorzeitig beendete. Das dort vorherrschende, rüde Arbeitsklima wirkte sich von Beginn an beängstigend und belastend auf mich aus, so dass ich mich dieser Situation zum damaligen Zeitpunkt aufgrund meiner sehr labilen, seelischen Gesamtverfassung nicht gewachsen fühlte. Nach einer kurzen Zeitspanne, die von Enttäuschung und zugleich Desorientierung geprägt war, gab mir schließlich einer meiner Brüder den motivierenden Hinweis mit der Möglichkeit des Beginns eines Studiums der Kartografie. Umgehend bewarb ich mich, neuen Mut und Hoffnung schöpfend, beim Vermessungsamt der Stadt Karlsruhe um eine Praktikumsstelle, welche Voraussetzung für eine Zulassung zu dem Studiengang war. Schließlich konnte ich im Frühjahr 1987 mit dem Kartografiestudium an der Fachhochschule in Karlsruhe beginnen, jedoch kam schon sehr bald, unmittelbar nach Wiederaufnahme des zweiten Studiensemesters im Herbst 1987, erstmals die bipolare Erkrankung in Form einer schweren Depression zum Ausbruch. Die in regelmäßigen Abständen immer wieder kehrenden, langwierigen Erkrankungsphasen machten es mir in den Folgejahren trotz wiederholter Versuche letztlich unmöglich, ein Studium oder eine Berufsausbildung erfolgreich abzuschließen. Darüber hinaus zwangen mich die akut manischen und depressiven Krankheitsabschnitte auch immer wieder zu Unterbrechungen oder Kündigungen von Arbeitsverhältnissen.

Vom Jahr 2000 bis 2003 war ich in der Gewerbebehörde der Stadt Freiburg als Büroaushilfskraft beschäftigt, jedoch musste auch dieses Arbeitsverhältnis zwischenzeitlich durch eine länger anhaltende, depressive Krankheitsphase im Juni 2002 unterbrochen werden. Seit dem Jahr 2004 beziehe ich eine kleine Erwerbsunfähigkeitsrente, und bin in Besitz eines 80%-igen Schwerbehindertenausweises. Rückblickend auf den Werdegang, und insbesondere bezüglich meiner psychisch ausgeglichenen, „gesunden" Lebensabschnitte, bin ich versucht, mir bewusst zu machen, welch destabilisierende Umstände und diverse, so genannte „Umweltfaktoren" möglicherweise mit ursächlich gewesen sein könnten, dass immer wieder neue, schwere Krankheitsphasen aufgetreten sind, durch die mein gerade sich im Wiederaufbau befindendes Leben ein ums andere Mal brutal aus der Verankerung gerissen wurde. Im Gegensatz zu den ersten Jahren meiner Krankheitsgeschichte, als ich neben dem Wunsch des Erhalts einer psychischen Ausgeglichenheit und anhaltenden Gesundheit vor allen Dingen auch den verständlicherweise großen Wunsch einer beruflichen Perspektive hatte, entwickelte sich letzterer jedoch mit jeder weiteren Erkrankungsphase mehr und mehr zu einer nahezu nicht überwindbaren Hürde. Gegen Ende der 90er Jahre konnte die überwiegende Mehrheit meines Umfeldes eine Berufsausbildung sowie eine kontinuierliche Teilnahme am Arbeitsleben nachweisen, was mir bis zu diesem Zeitpunkt jedoch verwehrt geblieben war. Ebenso konzentrierten sich derweil auch meine älteren Brüder nach deren erfolgreicher Absolvierung der jeweiligen Studiengänge auf ihren weiteren beruflichen Weg. Vernichtend wirkte sich hingegen jeder weitere Krankheitsschub auf meine nach wie vor bestehende Hoffnung aus, womöglich doch noch während eines länger anhaltenden, psychisch stabilen Lebensabschnitts einmal eine Berufsausbildung zu einem erfolgreichen Abschluss bringen zu können.

Schließlich kam es im Jahr 2004, nach inzwischen sieben manischen und drei depressiven Erkrankungsphasen, zu einem entscheidenden Umdenkprozess, wobei mein sehnlicher Wunsch eines zufriedenen, erfüllten Lebens, und eines insgesamt positiven Denkens und Lebensgefühls auf meiner „Wichtigkeitsliste" ganz nach oben kletterte, und zugleich das Bedürfnis der beruflichen Weiterentwicklung auf einen untergeordneten Rang verdrängt wurde. Im Gegensatz zu meinem bisherigen Denkverhalten während meines Krankheitsverlaufs ergab sich zwischen den Jahren 2004 und 2008 erstmals eine verhältnismäßig lange, psychisch stabile Lebensphase. Ich begann zunehmend, mich kreativ zu betätigen, und verspürte vor allen Dingen auch den großen Wunsch, an diesem Buch weiter zu schreiben, und es vor allen Dingen eines Tages fertig zu stellen. Zusätzlich verfasste ich einige Gedichte, deren Inhalte zumeist in enger Verbindung mit meiner Erkrankung standen. Auch schrieb ich Musiktexte, und komponierte hierzu am Klavier diverse Melodien. Gegen Ende des Jahres 2007 entdeckte ich für mich neben dem Schreiben ein weiteres, neues Beschäftigungsfeld, und begann ausgiebig und hoch motiviert mit dem Malen groß- und kleinformatiger, abstrakter Acrylbilder. Doch wurde ich abermals im Herbst 2008, nach viereinhalb Jahren ohne jegliche manische oder depressive Krankheitssymptome plötzlich erneut mit einem weiteren manischen Krankheitsschub konfrontiert. Wiederum erfolgte eine stationäre Klinikbehandlung. Die anschließende Entlassung, meine bisher letzte, erfolgte am 23. März 2009. Gleich im Anschluss an diese Erkrankungsphase ergab sich die Möglichkeit der Durchführung einer Ausstellung meiner Bilder im Caféhaus des Parks jener psychiatrischen Einrichtung, in der ich noch kurz zuvor stationär aus meiner Manie befreit werden musste. Bestimmt gab diese Ausstellung auch einen zusätzlichen Ansporn, mich weiterhin intensiv mit der Malerei zu beschäftigen, und so entstanden zukünftig weitere zahlreiche abstrakte Acryl-Kompositionen. Schließlich nahm das Malen auch Einfluss auf den Buchtitel „Der schwarze Klecks der Farbpalette".

Mittels der Aufrechterhaltung und Pflege meiner sozialen Kontakte, der Organisation meines Alltags, der regelmäßigen Medikamenteneinnahme, und der täglichen Wahrnehmung und Beobachtung diverser Selbstschutzmechanismen, insbesondere hinsichtlich der Kontrolle des Schlafverhaltens, versuche ich mir eine Basis für einen langfristigen Erhalt einer Tagesstruktur zu schaffen. Meine kreative Veranlagung leistet hierbei zweifellos durch meine aktiv betriebene Tätigkeit des Malens oftmals einen erheblichen Beitrag hinsichtlich einer Verbesserung meines Allgemeinbefindens, der Kopf schaltet um auf ein anderes „Programm", und so kann ich mich konzentriert und zugleich entspannt der Farbpalette und dem Pinsel widmen. Dabei ist das Resultat eines Kunstwerkes gar nicht einmal so wichtig, denn vorrangig zählt der Effekt des „befreit seins". Ein ähnliches Empfinden könnte ich in Bezug auf das Schreiben konstatieren, obwohl bei der Benutzung der Tastatur beziehungsweise des Kugelschreibers jener spontanen, kreativen Ausgelassenheit und „Freiheit", wie ich sie bei der Malerei verspüre, doch gewisse Grenzen gesetzt sind. Meine neu gewonnene Lebenseinstellung stützt sich letztlich auf ein einziges konkretes Ziel, nämlich meinem unbedingten Wunsch einer bestmöglichen Bewahrung meiner psychischen Stabilität. Es ist dabei nicht entscheidend, auf welche Weise und mit welcher Methode dieses Ziel verfolgt wird, und es würde hierbei keineswegs einen Sinn ergeben, einen so genannten „normalen" Werdegang eines psychisch „gesunden" Menschen als Vergleich heran zu ziehen.

Meine Chronologie verweist derzeit auf insgesamt elf akute Erkrankungsphasen innerhalb von 23 Jahren. Natürlich sprechen diese Zahlen eher für eine gewisse Wahrscheinlichkeit, dass möglicherweise im Verlaufe der kommenden Jahre weitere Erkrankungsphasen auftreten werden. Selbst eine verhältnismäßig lange, psychisch stabile Verlaufsdauer, wie es sich in meinem konkreten Fall zwischen den Jahren 2004 und 2008 ereignet hat, gibt leider keine Sicherheit, sondern höchstens ein wenig Hoffnung, dass das Risiko vermehrt wiederkehrender Phasen vielleicht auch dank vielfältiger Erfahrungswerte ein wenig vermindert werden kann. Die mit durch die Erkrankung erarbeiteten und entwickelten Erfahrungswerte können die bipolare Störung zwar nicht in ein besseres „Licht" rücken, jedoch hat im gesamten Verlauf der Erkrankung ein gedanklicher Prozess stattgefunden, der mir ermöglicht hat, mehr und mehr meine Krankheit zu akzeptieren und anzunehmen.

Die verhältnismäßig hohe Zahl meiner bisher durchlebten, akuten Erkrankungsphasen, die stets zunehmenden Erfahrungen, und zugleich auch meine zunehmende Reife, tragen zweifellos dazu bei, dass ich heute, im Alter von 43 Jahren, trotz des Bewusstseins über die Schwere der bipolaren Erkrankung meinem Schicksal mit mehr Gelassenheit und innerer Ruhe begegnen kann. Andererseits empfinde ich jeden neuen Tag, den ich mit dem Empfinden einer „gesunden" und insgesamt recht stabilen Psyche erleben darf, geradezu wie ein Geschenk, und natürlich ist es mein großer Wunsch sowie auch mein Wille, einen solchen, seelisch ausgeglichenen Allgemeinzustand nach besten Kräften so gut es geht aufrecht zu erhalten. Nur eine bewusst herbei geführte

Verschiebung von Prioritäten hinsichtlich der Wichtigkeit oder möglicherweise relativen Unwichtigkeit persönlich aufgestellter Lebensziele und Vorgaben konnte mir schließlich verhelfen, zu einer neuen Lebenseinstellung zu gelangen. Momentan empfinde ich mich eher noch in einer Art der „Erkundungsphase", deshalb würde ich auch nicht unbedingt behaupten wollen, dass ich eine vollkommen neue Position hinsichtlich meiner Vorstellungen über Lebensinhalte eingenommen hätte. Jedoch möchte ich kontinuierlich versuchen, mir eine Zukunft zu ermöglichen, in der noch viele neue Wege beschritten, sowie Lebensziele erreicht werden können, ohne dass dabei die psychische Stabilität einem nahezu vorhersehbaren Risiko ausgesetzt werden muss.

Mein heutiges Umfeld

Seit inzwischen weit mehr als 15 Jahren lebe ich nun kontinuierlich in meiner Wahlheimatstadt Freiburg, und bewohne dort seit dem Jahr 2001 ein Ein-Zimmer-Appartement, in dem ich mich sehr wohl fühle. Hier kann ich „abschalten" und mich entspannen, und insbesondere habe ich hier alle Möglichkeiten, meine Kreativität auszuleben, sei es beim Kochen, beim Klavier spielen, beim Malen, oder beim Schreiben. Um Ordnung und Sauberkeit bin ich stets bemüht, denn vermittelt mir meine Wohnung ein angenehmes und zugleich wichtiges Gefühl der Sicherheit und des Gleichgewichts. Meine Wohnung soll dieses „Chaos" nicht durchleiden, welches sich vereinzelt während der vergangenen 23 Jahre in meinem Werdegang abgespielt hat.

Rückblickend wurde mein Leben einer Reihe schwieriger Veränderungen und Umwälzungen unterzogen, wobei maßgeblich meine zahlreichen Erkrankungsphasen zur Verantwortung zu ziehen sind. Vor allen Dingen aber verursachte meine bipolare Krankheit auch menschliche „Verluste" innerhalb meines sozialen Umfeldes. Grundsätzlich würde ich mir eine Kontaktfreudigkeit bescheinigen, und so ergaben sich in der Vergangenheit auch immer wieder Begegnungen mit psychisch „gesunden" Menschen, die jedoch zumeist mit meiner Offenheit und insbesondere meiner Krankheitsgeschichte nicht umzugehen wussten. Somit endeten oft anfänglich geglaubte und erhoffte Entwicklungen von vertrauensvollen Kontakten oder Freundschaften innerhalb nur kurzer Zeit in nüchterner Enttäuschung.

Im Jahr 2003 gründete ich gemeinsam mit einer an der bipolaren Störung erkrankten Frau, die ich zufällig während eines medizinischen Kongresses kennen gelernt hatte, in Freiburg eine Selbsthilfegruppe für bipolar erkrankte Menschen, und so entstanden erstmals persönliche Kontakte zu anderen Betroffenen. Kaum vorstellbar, dass ich bis zu jenem Zeitpunkt nicht ein einziges Mal während einer meiner Klinikaufenthalte einen Menschen kennen gelernt hatte, der wie ich an der manisch-depressiven Störung leidet. Seit Bestehen dieser Selbsthilfegruppe nutzt eine Vielzahl bipolar Betroffener regelmäßig dieses Angebot. Die Psychiatrie in Freiburg hat hierzu freundlicherweise einen Sitzungsraum zur Verfügung gestellt.

Zu meinem inzwischen 13-jährigen Sohn verspüre ich eine sehr intensive, harmonische und liebevolle Bindung. Wir verstehen uns prächtig miteinander, und ich gebe mir Mühe, Ihm mit all meinen mir zur Verfügung stehenden Möglichkeiten und Kräften ein guter Vater zu sein. Er wächst bei seiner lieben und fürsorglichen Mutter auf, jedoch sehe ich Ihn in der Regel mindestens ein bis zwei Mal wöchentlich. Darüber hinaus besteht zur Mutter meines Sohnes ein respektvoller und nahezu freundschaftlicher Umgang.

Zu meinem heutigen, kleinen Freundeskreis darf ich sowohl einige bipolar betroffene, als auch nicht psychisch erkrankte Menschen zählen, zu denen ein regelmäßiger Kontakt und vor allen Dingen gegenseitiger, vertrauensvoller Bezug besteht. Durch die seit acht Jahren bestehende Beziehung zu meiner französischen Lebenspartnerin ergaben sich ebenfalls weitere vertrauensvolle Kontakte zu Menschen ihres eigenen Umfeldes und ihrer Familie.

Noch einmal „18" sein?

Oft genug habe ich mir die Frage gestellt, warum es gerade mich erwischt hat mit der bipolaren Erkrankung, und dies unbeachtet der möglichen psychischen, biologischen oder sozialen Ursachen. Andererseits habe ich mich im Verlaufe meines Werdegangs nie wirklich mit dem Gedanken beschäftigt, mich noch einmal in das Jahr 1986 zurück sehnen zu wollen, als ich meine Abiturprüfungen zu bewältigen hatte, um mir dadurch vor Augen halten zu können, welchen Lebensweg ich wohl ohne diesen gravierenden Einfluss meiner chronisch-psychischen Erkrankung bestritten hätte.

Mit Erreichen des Erwachsenenalters und dem zumeist parallel verlaufenden Schulabschluss beginnt für jeden Menschen ein völlig neuer Lebensabschnitt, der nicht nur viele Fragen aufwirft, sondern insbesondere auch konkrete, individuelle Entscheidungen aufdrängt, die letztlich maßgebend für die zukünftige Entwicklung des weiteren Lebensweges Richtung weisend sein können, und dies vor allen Dingen hinsichtlich der beruflichen Findung. Nicht selten durchläuft ein Mensch während dieser speziellen Umbruchsituation, die auch häufig mit einer erstmals räumlichen Distanz zum Elternhaus und somit einer zumindest bisher gewohnten Lebenssituation einher geht, eine Vielzahl unterschiedlichster Stressfaktoren, die in ihrer Gesamtheit ein psychisches Ungleichgewicht hervorrufen können. Oftmals besteht die Gefahr eines erstmaligen Ausbruchs der manisch-depressiven Erkrankung besonders während dieser schwierigen

Umbruchphase, also unmittelbar nach Beendigung der Schulzeit. Während des etwa zwei Jahre andauernden Lebensabschnitts zwischen den Jahren 1985 und 1987, unmittelbar vor meiner erstmaligen, schweren depressiven Erkrankungsphase, war mein psychisches Allgemeinbefinden in überwiegendem Maße geprägt von Konfusion, Hilflosigkeit, Melancholie, und einem großem Mangel an Selbstvertrauen. Rückblickend scheint es, als wäre mein psychisch angeschlagener Zustand neben mir selbst jedoch meinem engen familiären oder schulischen Umfeld in keiner Weise aufgefallen zu sein. Die Selbstanalyse dieser brisanten Zeitspanne gibt mir zumindest aus heutiger Sicht die eindeutige Erkenntnis, dass das Risiko des Ausbruchs einer psychischen Erkrankung zwischen meinem 18. und 21. Lebensjahr stark erhöht gewesen sein muss, und dies vollkommen ungeachtet der genetischen Komponente. Schließlich kam es dann im Herbst 1987 wahrhaftig zum Ausbruch einer schweren Depression.

Nur schwer kann ich mich in einen Menschen hinein versetzen, der nicht mit einer psychischen Erkrankung leben muss, doch würde es wohl auch keinen Sinn ergeben, dies zu versuchen. Ebenso wenig mag es nicht unbedingt ratsam sein, sich als bipolar Betroffener an Zielen und Lebensvorstellungen zu orientieren, die möglicherweise ein psychisch stabiler, gesunder Mensch mit einer Leichtigkeit zu bewältigen scheint. Als ich im Juni 1985 meinen 18. Geburtstag feierte, hatte ich noch keinerlei konkrete Vorstellungen hinsichtlich meines zukünftigen Werdegangs. Zunächst stand einzig das Ziel auf dem Plan, die Abiturprüfungen im Jahr 1986 erfolgreich zu bestehen, was mir schließlich auch trotz meines seelisch instabilen Allgemeinzustandes gelang. Einerseits empfand ich durch den Schulabschluss ein Gefühl, wie wenn mir eine riesige Last von den Schultern genommen wurde, jedoch verhalf mir das Lernen und intensive Vorbereiten auf die

Abiturprüfungen vorübergehend wohl auch dazu, meine wahren Probleme zu verdrängen. So wandelte sich dieses kurzfristige Gefühl der Entlastung plötzlich in eine neue Belastungssituation um. Jedoch waren es nun die verdrängten Gedanken, Sorgen und Ängste der vergangenen Jahre, die nun allesamt an die Oberfläche schwammen, und sich in jeder einzelnen Hirnwindung festsetzten.

Ohne Frage hätte wohl mein Werdegang bis zum heutigen Tag ein anderes Gesicht bekommen, wäre ich im Alter von 20 Jahren, mit einer 2,6 als Abitur-Note, zu Beginn des zweiten Semesters des Studiengangs Kartografie an der Fachhochschule Karlsruhe nicht plötzlich und überraschend an der bipolaren Störung erkrankt. Vielleicht ... - nun, es macht wirklich keinen Sinn, darüber zu spekulieren, „was" ich möglicherweise heute wäre. Sollte es aber nicht vielmehr heißen, „wer" bin ich? Vermutlich passiert es nur noch in den aller seltensten Fällen, dass zwei Menschen aufeinander treffen, die sich in einem ersten Gespräch ausnahmsweise einmal nicht darüber unterhalten, was der eine oder der andere beruflich macht. In der heutigen Gesellschaft ist jedoch überwiegend eher die Frage nach dem „Was" eines Menschen maßgebend.

Niemals aufgeben!

Die Tatsache, dass ich im frühen Alter von 20 Jahren, zu Beginn des Ausbruchs meiner bipolaren Erkrankung, und darüber hinaus zwei weitere Male im weiteren Verlauf meines Daseins, den sehnlichen Wunsch hatte, zu sterben, ist mir aus der heutigen Sichtweise nahezu unbegreiflich. Jene erstmalige, akut depressive Phase im Jahr 1987, sowie die beiden nachfolgenden depressiven Erkrankungsphasen der Jahre 1996 und 2002 waren allesamt von massiven Suizidgedanken begleitet, und ich schätze mich trotz meines Schicksals als sehr glücklich, dass ich überhaupt noch am Leben bin.

Zwar ist es zweifellos ein Fakt, dass die bipolare Störung nicht heilbar ist, jedoch sind manische und depressive Krankheitsschübe, aus denen sich der Betroffene nicht mehr eigenmächtig befreien kann, dank professioneller Hilfe und umfangreicher medikamentöser Unterstützung, zugleich in der Akutphase sowie auch während der Langzeittherapie vollständig behandelbar. Bestimmt wird jeder bipolar Betroffene im Verlaufe seiner Erkrankung schon mit suizidalen Gedanken konfrontiert worden sein, jedoch diesbezüglich im Rückblick möglicherweise auch etwas hoffnungsvoll zu der Erkenntnis gelangt sein, dass es dank umfangreicher Behandlungsmethoden letztlich immer eine Befreiung aus dem dunklen „Tunnel" einer schweren Depression, sowie auch aus dem psychotischen „Höhenflug" einer Manie gibt, selbst wenn dem bipolar Betroffenen seine akute „Jetzt-Situation" noch so ausweglos erscheint.

An dieser Stelle möchte ich mir selbst ein wenig Mut für die Zukunft machen, und zugleich ist es mir ein Anliegen, dass jeder bipolar Betroffene Mensch stets diesen Mut und die Hoffnung in sich bewahren möge. Die bipolare Erkrankung ist eine „harte Nuss" für jeden Betroffenen, in vielerlei Hinsicht. Aus dem „Heute", im Alter von 43 Jahren, blicke ich zurück in eine turbulente und oftmals zerstörerische Vergangenheit, und ein kurzer Blick in die Zukunft verursacht ein gewisses Mischgefühl aus Hoffnung, Zuversicht, Skepsis und Ungewissheit. Doch ist es genau hier meine tägliche Aufgabe, insbesondere die konstruktiv verwertbaren und bereichernden Aspekte meines Lebens so zu bündeln, damit ein weitgehend zufriedenes Lebensgefühl erhalten werden kann. Und schließlich lautet eines meiner Lebensmottos: „Niemals Aufgeben"!